ÁGUIA
FINANCEIRA

ANATOLE CIRELLO JUNIOR

ÁGUIA FINANCEIRA

UM LIVRO PARA VOCÊ AMPLIAR SEUS HORIZONTES, VIRAR A CHAVE, VOAR MAIS ALTO E ALCANÇAR SUA LIBERDADE FINANCEIRA!

ALTA BOOKS
GRUPO EDITORIAL

Rio de Janeiro, 2025

Águia Financeira

ISBN:978-85-508-2729-2

Impresso no Brasil — 1ª Edição, 2025 — Edição revisada conforme o Acordo Ortográfico da Língua Portuguesa de 2009.

Dados Internacionais de Catalogação na Publicação (CIP)

C578c
1.ed. Cirello Junior, Anatole
Águia Financeira : um livro para você ampliar seus horizontes, virar a chave, voar mais alto e alcançar sua liberdade financeira! / Anatole Cirello Junior. - 1. ed. - Rio de Janeiro : Alta Books, 2025.
192 p. ; 15,7 x 23 cm

ISBN 978-85-508-2729-2

1. Finanças. 2. Planejamento. 3. Investimentos. 4. Negociação. 5. Gestão de orçamento. 6. Renda. 7. Educação financeira. I. Título.

CDD 332.024

Índice para catálogo sistemático:
1.Finanças pessoais. Planejamento financeiro. Educação financeira - 332.024

Grupo Editorial Alta Books

Produção Editorial: Grupo Editorial Alta Books
Diretor Editorial: Anderson Vieira
Editor da Obra: J. A. Ruggeri
Vendas Governamentais: Cristiane Mutüs
Gerência Comercial: Claudio Lima

Produtora Editorial: Ana Clara Tambasco
Revisão: Paulo Henrique Aragão
Diagramação: Junior Santos
Capa: Paulo Gomes

ALTA BOOKS
GRUPO EDITORIAL

Rua Viúva Cláudio, 291 — Bairro Industrial do Jacaré
CEP: 20.970-031 — Rio de Janeiro (RJ)
Tels.: (21) 3278-8069 / 3278-8419
www.altabooks.com.br — altabooks@altabooks.com.br
Ouvidoria: ouvidoria@altabooks.com.br

Editora
afiliada à:
ASSOCIADO Câmara Brasileira do Livro

Sumário

Agradecimentos

Para escrever este livro, contei com o apoio de pessoas próximas que, de diferentes maneiras, contribuíram para o resultado final. Meu primeiro agradecimento vai para Marcia, minha querida, pela paciência durante minhas longas horas de trabalho, e para meus filhos, Mariano, Bruno e Julio, que ajudaram, cada um a seu modo, a tornar a leitura deste livro mais leve, inspiradora e conectada ao leitor. À minha nora Mila, sou grato pelas contribuições e atualizações nos textos de previdência privada.

Também gostaria de mencionar meus irmãos Fabio e Henrique Cirello. Fabio, com sua experiência como ex-professor de português, colaborou na revisão do manuscrito e trouxe sugestões que tornaram o texto mais claro e envolvente. Henrique, por sua vez, incentivou a inclusão de temas atuais, como day trade e criptomoedas, que enriqueceram a proposta da obra.

Agradeço ainda ao meu amigo de pedal, Luis Giovanni Faria, um verdadeiro aventureiro que roda o mundo com sua bike e compartilha comigo histórias inspiradoras de suas viagens. Giovanni sugeriu a inclusão de alguns temas que deram um toque especial ao projeto.

Por fim, um agradecimento especial ao editor Eduardo Villela, que desempenhou um papel central na fase final deste projeto. Sua orientação foi fundamental para transformar uma ideia em um material acessível, técnico e inspirador. Foi ele quem me ajudou a estruturar os capítulos do *Águia Financeira* de forma mais clara e envolvente, de modo a cativar o leitor e levá-lo a se apropriar do conteúdo. Eduardo, graças ao seu network, tornou possível a publicação desta obra.

Espero, do fundo do coração, que *Águia Financeira* contribua para transformar a vida de seus leitores e de muitas outras pessoas.

Carta ao Leitor

Indo direto ao ponto: não tenho como saber por que você demonstrou interesse por este livro, mas tenho algumas suspeitas. Talvez você (i) sinta que está perdendo o controle da sua vida financeira (ii) talvez esteja enfrentando dificuldades para quitar dívidas ou (iii) esteja apreensivo com o futuro da sua família. É bem possível que essas questões o preocupem, e é por isso que escrevi *Águia Financeira*, um livro que vai fornecer dicas e orientações para você conquistar segurança e liberdade financeira.

Mas, antes de tratarmos a fundo essas questões, eu gostaria de ter uma conversa franca sobre algo mais profundo.

Você já parou para se perguntar qual é o seu propósito de vida? O que o move? O que o faz levantar da cama todos os dias com disposição e vontade de seguir em frente? Entre os exemplos a seguir, com quais propósitos você se identifica?

- Construir uma carreira de sucesso.
- Buscar equilíbrio entre trabalho e vida pessoal, para ter mais tempo e qualidade de vida com a família e os amigos.
- Trabalhar para alcançar independência financeira e viver a vida com liberdade para fazer o que realmente ama.
- Acumular dinheiro suficiente para garantir uma velhice tranquila e poder ajudar filhos e netos a realizarem seus sonhos.

- Viajar o mundo, explorar novas culturas e expandir seus horizontes.
- Deixar um legado que inspire as próximas gerações, seja por meio de um negócio, uma causa social ou até mesmo um exemplo de vida.
- Exercer a generosidade, dedicando tempo e dinheiro para fazer caridade e melhorar a vida do próximo.

Não existe propósito certo ou errado. O importante é que os propósitos que você escolheu deem sentido à sua jornada e o ajudem a enfrentar os desafios que aparecerem ao longo do caminho. Ter um propósito é fundamental porque é isso o que vai te sustentar nos momentos difíceis. Quando os problemas surgem, é o propósito que te lembra do motivo pelo qual você está lutando. São os propósitos que trazem foco, disciplina e resiliência. Sem eles, a vida pode parecer uma sequência interminável de compromissos e responsabilidades, sem um significado mais profundo.

Então, eu o convido a refletir: quais são os seus propósitos? O que você quer conquistar?

O fato de estar lendo estas linhas pode ser um sinal de que deseja mudar sua realidade financeira, assumir as rédeas do seu futuro e alinhar-se aos seus propósitos. É isso mesmo?

Feche seus olhos e procure se enxergar no futuro. Como está sua vida aos 80 anos? Você conseguiu ser bem-sucedido em relação aos seus propósitos? Cuidou do bem-estar da sua família? Além da aposentadoria pelo INSS, você tem um plano de previdência privada e investimentos que lhe permitem um bom padrão de vida? Ou depende dos seus filhos para viver? Você recebeu conselhos para poupar e investir quando era jovem? Seguiu esses conselhos? Ou enfrenta privações e falta de dinheiro por não ter se planejado? Se você se for amanhã, sua família terá dinheiro para lidar com os custos relacionados à transmissão de bens? Você fez um seguro de vida para beneficiar seu cônjuge e filhos?

Pode abrir os olhos. Essas são apenas algumas das possibilidades da realidade que você poderá experimentar aos 80 anos — e não será surpresa se não se vir bem na foto.

A boa notícia é que estamos no presente e ainda há tempo suficiente para reescrever o seu futuro. Então, me fale de você no tempo presente.

Como está sua vida financeira hoje? Você tem controle sobre suas finanças ou vive contando os dias até o dinheiro acabar? Está utilizando o limite do cheque especial ou acumulando dívidas no cartão de crédito? E quanto a economizar? Consegue guardar algum dinheiro regularmente para investir no futuro? Ou nunca sobra? Quando surge um imprevisto — como uma despesa inesperada ou uma emergência —, você tem uma reserva para lidar com isso sem estresse? Ou fica preocupado, sentindo-se vulnerável?

Agora, pense nas suas relações familiares. Você tem dependentes que contam com sua ajuda financeira? Ou, ao contrário, precisa de suporte financeiro da sua família para fechar as contas no final do mês?

E sobre os seus propósitos, já alcançou alguns deles? Você se sente no caminho certo para conquistar aquilo que tanto deseja? Sua vida financeira está ajudando ou dificultando o cumprimento desses propósitos? A forma como você lida com o dinheiro está te aproximando dos seus sonhos ou te afastando ainda mais?

Essas são questões difíceis, que afetam seu bolso, sua autoestima, seus relacionamentos e a maneira como você vê o mundo. Se as contas estão apertadas e o futuro preocupa, agora é o momento de agir. Você não pode deixar que a falta de dinheiro e o estresse de uma vida financeira desorganizada comprometam sua qualidade de vida, seu bem-estar físico e emocional e suas relações mais próximas.

Vamos juntos organizar a sua vida financeira? Você está disposto a sair da sua zona de conforto e agir de forma consistente em direção aos seus propósitos, mesmo sabendo que vai enfrentar dificuldades ao longo do caminho? Então, conte com *Águia Financeira*, que pretende se tornar muito mais do que um livro de educação financeira tradicional, cheio de números, tabelas e estratégias que costumam "matar" o leitor de tédio.

Águia Financeira pretende se tornar a sua bússola, o seu "Waze" do dia a dia, que vai orientá-lo na direção de uma vida financeira mais equilibrada e satisfatória. Além de ter acesso a histórias inspiradoras para motivá-lo na sua jornada, as narrativas e os casos reais de insucesso aqui lembrados terão como objetivo acender uma luz amarela, a fim de chamar sua atenção para as armadilhas financeiras que a vida costuma reservar.

Este livro tem um objetivo claro: ajudá-lo a tomar as rédeas do seu destino, a gerenciar melhor o seu dinheiro e a construir, desde já, uma vida mais próspera, segura e independente. Com dicas práticas para ajudá-lo a se libertar das dívidas, sair do ciclo de juros abusivos, alcançar estabilidade financeira e investir de forma bem-sucedida, *Águia Financeira* é um chamamento para refletir profundamente sobre sua vida financeira, tanto atual quanto futura.

A proposta deste livro vai muito além de apenas "arrumar a casa". Estamos falando de gerenciar seus recursos de forma inteligente, cultivar hábitos financeiros sólidos e garantir sua segurança no longo prazo.

Se você está endividado, encontrará aqui estratégias eficazes para se livrar de dívidas e juros altos. Mostrarei como seu dinheiro deve ser tratado com inteligência, evitando gastos impulsivos ou investimentos ruins. E vou encorajá-lo a estabelecer, desde já, um plano de longo prazo para conquistar sua independência financeira, com metas alcançáveis que podem melhorar sua qualidade de vida de imediato, ao mesmo tempo que contribuem para construir um futuro mais próspero.

Faz sentido comparar a sua jornada rumo à liberdade financeira com a jornada da águia? Bem, a águia é majestosa, possui uma visão aguçada que a permite enxergar longe, antecipando desafios e oportunidades. Da mesma forma, este livro inspira você a fazer o mesmo, a desenvolver uma visão estratégica sobre suas finanças e a tomar decisões com base em informações sólidas.

Assim como a águia voa alto, livre das limitações do solo, *Águia Financeira* o encoraja a se libertar das amarras financeiras que o impedem de alcançar seu verdadeiro potencial.

Vale lembrar ainda que a águia é símbolo de perseverança e determinação — ela não desiste até alcançar seus objetivos. E é exatamente esse espírito que desejo transmitir com este livro: a superação das adversidades financeiras e a busca constante pela realização dos sonhos. Assim como a águia-mãe empurra seus filhotes à beira do abismo para que voem, espero que este livro seja o empurrão que você precisa para alçar seu voo solo.

Estamos diante de uma janela de oportunidade e este é um chamado à ação. Estou me propondo a ajudá-lo a reescrever o seu futuro e a alcançar os seus propósitos. Vamos juntos?

Nato Cirello

Até as águias precisam de um empurrão

"A águia empurrou gentilmente os filhotes para a beira do ninho. Seu coração trepidava com emoções conflitantes enquanto sentia a resistência deles. "Por que será que a emoção de voar precisa começar com o medo de cair?", pensou. Essa pergunta eterna ainda estava sem resposta para ela. Como na tradição da espécie, seu ninho localizava-se no alto de uma saliência num rochedo escarpado. Abaixo havia somente o ar para suportar as asas de cada um de seus filhotes. "Será possível que, dessa vez, não dê certo?", pensou. A despeito de seus medos, a águia sabia que era tempo. Sua missão materna estava praticamente terminando. Restava uma última tarefa: o empurrão. A águia reuniu coragem através de uma sabedoria inata. Enquanto os filhotes não descobrissem suas asas, não haveria objetivo em suas vidas. Enquanto não aprendessem a voar, não compreenderiam o privilégio de terem nascido águias. O empurrão era o maior presente que a águia-mãe tinha para lhes dar. Era seu supremo ato de amor. E por isso, um a um, ela os empurrou, e eles voaram!"

Nota: Gosto muito dessa passagem do livro *Even Eagles Need A Push*, de David Mcnally [(1)]. É a segunda vez que a menciono. A primeira foi em 2016, no meu livro *Você quer ficar rico, vamos combinar o prazo*.

CAPÍTULO 1

Despertando para a Realidade Financeira

Papo reto. A vida pode nos levar por caminhos inesperados e você precisa semear agora a fim de se preparar para quando o futuro se tornar presente.

Você está disposto a embarcar numa jornada em busca da sua independência financeira? Então já saiba que assumir o controle do seu destino exigirá muito mais do que disciplina, coragem e determinação.

Você se verá diante de um dilema recorrente: agir agora ou adiar o plano para o futuro? Relaxa. Você não está sozinho. A procrastinação — o adiamento dos nossos planos para depois — motivada pela preguiça ou pelos atrativos imediatos do tempo presente é quase sempre uma sombra em nossas vidas. Por isso, devemos ser gratos quando levamos um empurrão que nos obriga a romper com a inércia e avançar em direção aos nossos objetivos.

É por essa razão que eu embarquei numa licença poética quando associei o termo "empurrão" com a águia. À primeira vista pode ser cruel, mas é da natureza da águia empurrar seus pequenos filhotes do alto da montanha para o abismo. Ela o faz não por crueldade, mas para despertar sua força latente e obrigá-los a dar suas primeiras batidas de asas e voar.

De modo análogo, eventos inesperados em nossas próprias vidas podem servir como catalisadores para uma mudança. Seja por questões ligadas à saúde, seja pela escassez financeira, perda de emprego ou necessidade de ajudar um ente querido, a vida nos reserva momentos desafiadores que podem ser um gatilho para mudanças ou representar o ponto de virada necessário.

Desperte a Águia Financeira que existe em você

É nos momentos mais difíceis que o seu potencial de transformação é revelado. Esses desafios são convites disfarçados para você sair da zona de conforto e, assim como a águia, descobrir que pode ir muito mais longe do que jamais imaginou.

O que está faltando para você virar a chave e voar mais alto? Talvez seja aquele primeiro passo, aquele empurrão que você tanto teme. Mas eu garanto: uma vez que você bata suas asas e sinta o vento da liberdade, jamais vai querer voltar atrás.

A hora de agir é agora. Você não precisa esperar pelo momento ideal, pois ele pode nunca ser percebido. O que importa é a decisão a ser tomada: continuar observando de longe ou dar o salto que pode redefinir o rumo da sua vida financeira para sempre?

Você está pronto para bater suas asas e descobrir até onde pode chegar?

Desvendando os segredos das finanças pessoais

Você tem a sensação de que seu dinheiro nunca dá para pagar suas despesas? E que, por mais que trabalhe duro e aumente suas receitas, nunca consegue poupar porque seus gastos também aumentam na mesma proporção?

Sinto muito em dizer, mas você está preso a um estilo de vida que exige cada vez mais e mais dinheiro. É como se você fosse um participante da “Corrida dos Ratos”.

A “Corrida dos Ratos” é uma metáfora apresentada pelo escritor americano Robert Kiyosaki(2) no best-seller *Pai Rico, Pai Pobre* para ilustrar o ciclo vicioso em que muitas pessoas se encontram.

Você sabe o que acontece com os animaizinhos na “Corrida dos Ratos”? Imagine a cena: os ratinhos estão presos numa roda giratória e ficam correndo sem parar, em busca de algo que parece estar logo à frente, mas que nunca alcançam. Por mais que se esforcem em busca de seu objetivo, geralmente um queijo, não conseguem sair do lugar.

Na vida real, essa roda representa a busca interminável por dinheiro. Muitos de nós vivem assim. À medida que nossa renda aumenta, nós achamos que podemos gastar mais, comprar mais coisas, viver melhor. Mas essa sensação de "mais" é ilusória. Quanto mais ganhamos, mais sentimos a necessidade de gastar, e assim ficamos presos nessa corrida sem fim, sem alcançar a verdadeira liberdade financeira.

Para ilustrar esse círculo vicioso, vou dar três exemplos:

- João, um executivo de sucesso, acabou de receber uma promoção. Bastou receber o primeiro holerite com o aumento salarial para sair às compras. Ele decidiu realizar um antigo sonho e comprou um carro novo, mais luxuoso. Mas, com o novo carro, vieram também prestações mais altas, seguro e IPVA mais caros. O que era para ser um alívio financeiro, num primeiro momento, virou mais uma fonte de gastos não previstos, mantendo João preso à mesma corrida de sempre.
- Ana sempre sonhou em ter uma casa confortável, em um condomínio fechado. Quando recebeu um aumento de salário, ela e seu marido decidiram financiar uma casa maior, sem considerar os novos custos que isso traria, como condomínio mais caro e gastos maiores com IPTU, manutenção e segurança. Agora, mesmo com mais dinheiro entrando, eles mal conseguem economizar, pois todo o ganho adicional vai para cobrir as novas despesas.
- Carlos, um profissional autônomo, começou a ganhar mais dinheiro depois de aumentar sua base de clientes. Empolgado com a nova fase, começou a gastar mais em viagens e restaurantes. Também trocou de carro e reformou a casa. Para manter sua base de clientes fiel, ele está trabalhando mais do que antes, só que agora tem menos tempo para desfrutar suas conquistas. Mesmo com ganhos maiores, ele continua estressado com contas e dívidas, pois suas novas despesas cresceram no mesmo ritmo.

Esses exemplos mostram como a "Corrida dos Ratos" pode se instalar de forma quase imperceptível na nossa vida. Comprar coisas para satisfazer desejos imediatos ou para manter uma imagem social

— casas maiores, carros novos e *gadgets* caros — pode, de fato, nos manter presos em uma roda giratória. E por mais que corramos, não conseguimos avançar em direção à liberdade financeira.

Presos a um ciclo perverso, à medida que criamos novas necessidades, ficamos impossibilitados de criar reservas financeiras ou de investir em ativos que possam nos gerar renda passiva. Assim como os ratos jamais alcançam o queijo, as pessoas nessa corrida interminável nunca conseguem conquistar sua liberdade financeira. Essa metáfora faz sentido para você?

Robert Kiyosaki argumenta que esse ciclo é resultado da falta de educação financeira, que nos faz trabalhar cada vez mais sem que haja uma genuína preocupação em construir uma segurança econômica real.

Se você se identifica com a metáfora e deseja colocar um ponto final nessa situação, é fundamental conscientizar-se da sua real situação financeira. Isso implica programar melhor seu consumo, evitar desperdícios com gastos supérfluos e atuar de forma mais eficiente no controle das despesas.

Ao mesmo tempo, é recomendável que não meça esforços para evoluir profissionalmente ou alavancar o seu negócio, de modo a gerar uma folga financeira que permita a você investir em ativos que gerem renda passiva. Com isso, você vai assistir ao dinheiro trabalhando para você — e não o contrário. Esse é o caminho para você se livrar dessa corrida sem fim.

Se você está vivendo esse tipo de situação — ou está numa dinâmica de financiar seu modo de vida por meio de dívidas —, precisa encontrar uma saída para se libertar da "Corrida dos Ratos". A boa notícia é que existem ações e providências certeiras que podem ajudá-lo a evitar os erros fatais que o paralisam, impedindo ou dificultando a conquista da sua liberdade financeira. Estamos juntos? É hora de dar o primeiro passo.

Mãos à obra. ***Vamos começar pelo que você não deve fazer***, ilustrando a narrativa com histórias reais de pessoas que demonstraram uma inacreditável falta de capacidade para lidar com o dinheiro. Para contrabalançar, também traremos histórias de pessoas que se tornaram bem-sucedidas, mesmo enfrentando muitas dificuldades na jornada rumo ao sucesso.

Que lições essas histórias podem ensinar a você e aos demais leitores? Qual é a ideia por trás dessa iniciativa?

Sendo bem objetivo, talvez você se identifique com alguma narrativa. Isso pode ser meio caminho andado para virar a chave e começar a prosperar. Por exemplo: com qual situação você se identifica mais?

1. Ao deparar-se com histórias tenebrosas de endividados compulsivos, você tende a se assustar e refletir: "Opa, eu não quero isso para mim". Mas, dominado pela procrastinação, fica por isso mesmo, preocupado apenas em sobreviver ao presente. Você não está sozinho. Para muitas pessoas, é realmente difícil pensar em mudanças no estilo de vida que possam implicar em sacrifícios no presente em prol de uma situação financeira melhor no futuro. É o seu caso?
2. Segunda situação: embora você tenha uma certa dificuldade para olhar à frente, está sentindo que é chegado o momento de ter a sua vida de volta. Você reconhece que suas contas não fecham e está disposto a dar uma mexida na sua vida. Você não sabe por onde começar, mas começa a demonstrar um genuíno interesse em melhorar sua qualidade de vida, dar a volta por cima, reorganizar sua vida financeira, livrar-se das dívidas, estabilizar o orçamento, evoluir profissionalmente, encontrar novas fontes de renda e envolver-se a fundo em um projeto para ficar financeiramente independente. Eu diria que você está pronto para sair da "Corrida dos Ratos".

Esteja você endividado ou apenas interessado em formar uma reserva financeira e prosperar, este livro propõe vários desafios para você não jogar dinheiro fora e gerar sobras de caixa que possam ajudar na formação gradativa de uma reserva financeira.

Vou provar que, na busca por uma vida financeira saudável, cada pequena economia faz diferença. Comece batalhando descontos em tarifas bancárias e anuidades do cartão de crédito, economizando nas compras de supermercado, adotando estratégias simples para fazer gastos de qualidade e, muito importante, ensinando o valor do dinheiro aos seus filhos.

Ao reconhecer a necessidade de dar mais valor ao dinheiro que ganha — e ao não permitir que ele escape sorrateiramente de suas mãos — você vai acabar se tornando apto a construir os alicerces para mudanças ainda maiores, abrindo espaço no orçamento para priorizar o pagamento dos gastos que o sobrecarregam. Mais do que isso, quem sabe você consiga que parte do seu dinheiro duramente batalhado comece a ser direcionado para investimentos que gerem renda passiva e não para o consumo?

Hum. Consumo. Esse é um dos inimigos silenciosos que minam o seu orçamento!

Mas como se proteger de todo um sistema que incentiva o consumo? Desde o momento que nos levantamos pela manhã até o final da noite, quando desligamos a televisão e nos recolhemos, somos incentivados a consumir. O jogo é pesado, feito por gente grande, que utiliza conhecimento, estratégias e técnicas avançadas de ciência do consumo e neuromarketing para nos "incentivar" a comprar.

No Brasil, o preço tem sido alto. Estamos nos tornando uma nação de consumidores endividados ou presos na "Corrida dos Ratos". Esse modelo está esgotado. Basta analisar o aumento crescente da inadimplência, fruto da quantidade espantosa de pessoas e famílias que não conseguem manter um orçamento doméstico minimamente equilibrado.

Eu, particularmente, acho que existe um vilão importante nessa história. É o cartão de crédito, aliado de primeira hora do consumidor, que está levando muita gente para o buraco. É o seu caso?

Lembrando que a vida é feita de escolhas, considere o seguinte: quando você sai para uma "expedição de compras", já sabendo que vai avançar no limite do cheque especial ou parcelar no cartão, lá no seu inconsciente você sabe que terá um preço a pagar. Mesmo assim você curte o momento, aproxima ou insere seu cartão e sai da loja feliz, geralmente com uma linda sacolinha.

Você, no seu íntimo, sabe que não é certo, mas acaba usando o seu cartão de crédito como se fosse dinheiro. O que é uma grande burrice. Nunca se esqueça: cartão de crédito é meio de pagamento, não é dinheiro.

Volto a dizer: *Águia Financeira* é um livro que propõe vários desafios para você (i) não jogar dinheiro fora, (ii) pensar duas vezes antes de gastar, (iii) fazer economias que valham a pena, (iv) conseguir "cavar" uma folga financeira no seu orçamento para pagar suas dívidas e, na sequência, (v) dar início ao seu projeto de liberdade financeira.

Primeiro poupe, depois consuma. E não o contrário. Pronto para o primeiro desafio? Assuma o compromisso de seguir esse plano, conscientize-se da sua real situação financeira e comece sua virada de chave.

CAPÍTULO 2

Conscientizando-se da Sua Real Situação Financeira

Virando a chave: 90 dias para transformar o seu destino financeiro

Você tem 90 dias para fazer um autodiagnóstico da sua vida financeira e credenciar-se para "arrumar a casa". Esse é o primeiro passo para se conscientizar e assumir o controle absoluto da sua situação financeira. Você precisa entender onde está para poder tomar decisões fundamentadas.

Como primeira providência, relacione todas as suas despesas e receitas num bloquinho de anotações. Leve-o no seu bolso e durante 60 dias anote tudo o que gasta, incluindo até os seus gastos menores, como um simples cafezinho. No final do segundo mês agrupe os valores por tipo de despesa numa planilha ou tabela. Peça para seu companheiro(a) fazer o mesmo.

Faça então uma relação consolidada, como no exemplo a seguir. Depois, faça o mesmo com suas dívidas: nome dos credores, valores, taxas de juros e datas de vencimento. Relacione também todas as suas fontes de receita. Só faz sentido começar a fazer ajustes depois que você tiver uma visão consolidada da sua situação financeira.

Já vou avisando: vai dar um trabalhão, se não estiver a fim de levar a sério é melhor nem começar. Organize-se. Se você tem um cantinho só seu na sua casa ou no seu escritório, use esse espaço para reunir e catalogar toda sorte de documentos, tais como:

- Declaração de Imposto de Renda
- Faturas de cartão de crédito
- Notas fiscais de supermercados, postos de gasolina, oficinas mecânicas, farmácias
- Recibos de despesas médicas e dentistas
- Contas diversas, pagas por meio de boleto, débito automático e PIX
- Extratos bancários
- Extratos de investimentos
- Apólices de seguros (automóveis, residência e seguro de vida)
- Contratos de planos de previdência etc.

Junte apenas as contas e notas pagas dos últimos 3 meses, de modo a facilitar o cálculo do gasto médio. E, a partir de agora, procure pagar tudo com cartão de crédito. A fatura do cartão, detalhada por tipo de despesa, vai ajudar você a controlar melhor suas compras no futuro. E você ganha pontos, cashback ou milhas.

Você tem 30 dias para reunir todos os documentos e organizá-los por tipo de gasto. Sabe montar uma planilha Excel? Se sim, ótimo. Se não, esse é o menor dos seus problemas. Faça uma tabela à mão numa simples folha de papel.

Quando decidir começar, tire um dia só para você, longe das crianças, da TV, do celular e de qualquer outra distração. Faça um diagnóstico financeiro completo, classificando suas despesas mensais como **essenciais** (que garantem a sobrevivência, segurança e bem-estar básico da sua família) e **não essenciais** (que podem ser cortados ou reduzidos sem comprometer a subsistência).

Quer uma ajudinha? Dê uma olhada na tabela e veja se faz sentido para você.

Tabela de despesas essenciais e não essenciais

Gastos	Descrição	Tipo de Gasto
Moradia	Aluguel / Financiamento de imóvel	Essencial
	Condomínio	Essencial
	IPTU	Essencial
	Manutenção da casa (reparos, jardinagem)	Essencial
	Seguro residencial	Essencial
Educação	Mensalidade escolar	Essencial
	Material escolar	Essencial
	Uniformes	Essencial
	Cursos extracurriculares (esporte, arte, música)	Não Essencial
Saúde	Plano de saúde	Essencial
	Farmácia (medicamentos)	Essencial
	Dentista / Consultas médicas particulares	Essencial
	Academia / Personal trainer	Não Essencial
Alimentação	Supermercado (alimentação mensal)	Essencial
	Hortifrúti / Açougue	Essencial
	Restaurantes	Não Essencial
	Delivery de comida	Não Essencial
Transporte	Combustível	Essencial
	Manutenção do carro	Essencial
	Seguro do carro	Essencial
	IPVA	Essencial
	Transporte público (metrô, ônibus)	Essencial
	Aplicativos de transporte (Uber, 99)	Não Essencial
Serviços Públicos	Água	Essencial
	Energia elétrica	Essencial
	Gás	Essencial
	Internet	Essencial
	TV a cabo / Streaming	Não Essencial
	Telefonia móvel	Essencial
Lazer e Entretenimento	Viagens	Não Essencial
	Cinema, shows e eventos	Não Essencial
	Brinquedos para os filhos	Não Essencial
	Compras de roupas e calçados de marca	Não Essencial
	Assinaturas de revistas/jogos	Não Essencial

Visão consolidada de suas dívidas

Agora mapeie suas dívidas: liste todas, com valores, juros e prazos. Detalhe o credor e, principalmente, a modalidade de empréstimo ou financiamento.

Comece a lista com as dívidas mais caras. Por exemplo:

Credor	Modalidade	Taxa de Juros	Saldo Devedor	Vencimento
Cartão Master	Cartão de crédito	12% ao mês	R$ 15.000,00	Mensal
Banco Bank	Cheque especial	10% ao mês	R$ 3.000,00	Mensal
FinanciaAuto	Financiamento de veículo	7% ao mês	R$ 30.000,00	31/12/2026
Banco Note	Empréstimo pessoal	6% ao mês	R$ 10.000,00	31/12/2024
Banco Gama	Empréstimo consignado	3% ao mês	R$ 8.000,00	30/06/2025
Família	Empréstimo com base em confiança	1% ao mês	R$ 18.000,00	_

P.S.: Credores, taxas de juros e valores hipotéticos.

Todas essas informações serão fundamentais para fazer um novo orçamento doméstico detalhado e depois partir para a negociação com seus credores.

A ideia é que você se concentre em pagar as dívidas com as maiores taxas de juros primeiro. Procure também mudar o perfil de sua dívida, alongando vencimentos e contratando empréstimos e financiamentos com juros mais baixos para se livrar das dívidas mais caras.

Mas esse levantamento vai ter que esperar um pouco, porque antes dessa etapa você tem outra missão!

Caçada implacável aos vilões do seu orçamento doméstico

Não sei qual é sua situação financeira atual e talvez você ainda esteja se perguntando se vale a pena embarcar nessa jornada de mudança. A pergunta é: você está disposto a sair da sua zona de conforto? Está pronto para superar desafios e se manter firme para conquistar os objetivos que definir?

Se a resposta for sim, não perca mais tempo! Agora que você possui uma visão clara das suas despesas, é hora de fazer cortes e ajustes. Começando pelas despesas não essenciais, veja quais podem ser reduzidas ou eliminadas.

Quanto às despesas essenciais, que em princípio não podem ser eliminadas, com certeza você vai encontrar algumas que podem ser **racionalizadas**. É possível gastar menos com escola dos filhos, moradia, alimentação e gastos pessoais? Com certeza! Basta que você fique antenado e incorpore ao seu estilo de vida pitadas de sabedoria sempre que for gastar seu dinheiro.

Voltando à tabela. Será que não é o caso de reduzir o seu plano de TV por assinatura e internet mudando para outro mais em conta, sem prejuízo dos seus programas favoritos e da qualidade da internet? Ligue para sua operadora, sempre há algum tipo de promoção! As operadoras costumam tratar os clientes novos melhor do que tratam os antigos! É por isso que você precisa constantemente ligar e pedir desconto.

Outra coisa. Você precisa mesmo contar com todas as empresas de streaming, como Netflix, Prime Video, Paramount, HBO Max e Disney?

Dá para mudar o plano do seu celular para um plano controle, muito mais barato?

Consegue diminuir as idas a restaurantes?

Dá para trocar de academia e economizar? Seria possível vender seu carro de rodízio e usar transporte coletivo ou Uber uma vez por semana? A carona solidária funcionaria para você?

Consegue ver outras coisas que acabam com seu dinheiro sem você perceber?

Eu garanto que sim, e isso surgirá naturalmente quando você começar, de verdade, a reavaliar suas prioridades financeiras.

No processo de identificação das despesas sujeitas a corte, é importante considerar que ***"nenhuma despesa mensal é insignificante quando tratada em termos anuais. Assim, por menor que seja o gasto, corte-o se ele não for absolutamente essencial"***.

Imprima essa frase em letras garrafais e coloque-a na frente do seu computador ou na porta da sua geladeira!

Estamos alinhados? Então aqui vão algumas dicas e providências fundamentais para iniciar o seu plano de saneamento de dívidas, geração de caixa e obtenção de folga no seu orçamento doméstico.

Incorpore ao seu estilo de vida o hábito de pedir desconto

Se os ricos costumam pedir desconto, por que você não pode? Parta do princípio de que você nunca vai perder nada ao barganhar ou pedir desconto. Na verdade, você só tem a ganhar.

E aqui vai uma curiosidade sobre o tema "barganhar": você sabe como são feitos os negócios nos mercados de cidades como Marrakech ou Istambul? No mercado coberto mais antigo do mundo — o Grand Bazaar, em Istambul — a prática de pedir desconto é secular. Inaugurado em 1426, esse mercado atrai todos os anos mais de 40 milhões de visitantes de todo o mundo, que se maravilham com as mais de 4 mil lojinhas espalhadas em seus corredores (verdadeiros labirintos) que vendem de tudo, de joias a tapeçarias, passando por cerâmicas e roupas. Diferentemente do comércio frio e sem graça praticado nos países europeus mais certinhos, no Grand Bazaar os negócios são realizados de maneira interativa e envolvente, o melhor lugar para você testar suas habilidades de negociador. Se puder visitar, lembre-se de pedir desconto, pois se você aceitar imediatamente o preço pedido pelo vendedor ele pode até ficar bravo com você. O grande barato dele é só vender após uma (longa) negociação. Bastou você olhar para a vitrine da lojinha e lá vem ele te abordar com uma frase cativante ou com o surrado "*Where are you from?*" ("De onde você é?"). O objetivo desse ritual secular é colocar você dentro da loja e, para isso, sempre surge alguém do nada oferecendo a você um chá ou água fresca. "*Please, come inside*" ("Entre, por favor") é a próxima frase que você vai ouvir. Uma vez dentro da loja, pronto. Depois de muita negociação, idas e vindas no preço, caras e bocas de ambos os lados e de uma redução substancial do preço, as partes costumam bater o martelo. Todo mundo fica feliz.

Voltando à nossa realidade. Se você já fez uma obra em casa, sabe como funcionam os descontos numa loja de materiais de construção. Se não pedir desconto, vai pagar o preço cheio. Para encurtar o processo, já peça logo o desconto máximo, diga para o vendedor ir testando no computador até ver quanto o sistema está programado para liberar. Pode acreditar: funciona. Você vai economizar.

Outra coisa: não pergunte ***se tem desconto***. Pergunte ***de quanto é o desconto*** para pagamento à vista. Depois de receber a informação, diga que não. Que nesse preço, prefere pagar com cartão de crédito, em 3 ou 4 vezes sem juros. Não tenha pressa, ainda mais se for final de mês, quando os vendedores estão desesperados para bater suas metas. Agora, com a consolidação do PIX como meio de pagamento, ficou uma maravilha. Sempre o maior desconto é com pagamento via PIX. Inclusive, agora as próprias maquininhas das lojas geram um QR Code para você fazer o pagamento por PIX sem precisar cadastrar o vendedor no seu celular, compartilhar comprovante e tudo o mais. Faça como os ricos, peça desconto.

Avalie seus hábitos de consumo, faça compras com consciência e corte gastos não essenciais

Elimine ou reduza despesas desnecessárias ou supérfluas, como assinaturas de jornais e revistas, refeições fora de casa, compras por impulso, lazer excessivo e entretenimento caro. Procure alternativas mais econômicas ou elimine completamente esses gastos até que sua situação financeira melhore.

Identifique padrões de gastos desnecessários e ajuste seus hábitos de consumo. Aprenda a distinguir entre necessidades e desejos. Pergunte a si mesmo se realmente precisa de determinado item antes de comprá-lo.

Se a ordem é fazer economia em compras de alimentos, o primeiro passo é escolher adequadamente onde você vai encontrar a melhor combinação de preço e qualidade. Analise as informações a seguir, elas podem ser úteis a você. A feira livre, por exemplo, pode ser sua primeira opção. Mas não se entusiasme muito.

- ***Feira livre***

Dependendo de onde você mora, a feira livre do seu bairro pode ser uma opção econômica para comprar frutas, verduras frescas, legumes e hortaliças, muitos dos quais cultivados por produtores locais e colhidos recentemente. Além disso, as feiras oferecem produtos sazonais que nem sempre estão disponíveis nos supermercados. Mas, fique esperto: nem sempre uma feira livre é a opção mais barata quando comparada a um supermercado tradicional ou sacolão da prefeitura. É o que acontece em algumas feiras localizadas nos bairros mais nobres. Seja como for, fazer compras na feira é um grande barato, uma experiência cultural e social única. Você faz degustação de frutas, experimenta iguarias etc. O contato próximo com os feirantes não tem preço e é muito divertido escutar seus apelos. O mais famoso continua sendo “Moça bonita não paga”. Mas também não leva, hahaha. Se você quer realmente fazer economia, lembre-se que os preços caem quando se aproxima a "hora da xepa", um período específico (geralmente próximo do final da feira) no qual os feirantes costumam oferecer descontos significativos nos produtos que "encalharam" ou que simplesmente não foram vendidos ao longo do dia. A expressão "xepa" é uma gíria brasileira que originalmente se refere aos restos ou sobras de comida, mas no contexto das feiras livres é utilizada para indicar os produtos não vendidos e que passam a ser oferecidos a preços mais baixos para evitar desperdício. É o melhor momento para você barganhar. Não se acanhe, peça desconto!

- ***Supermercado e atacarejo***

Agora, com relação a fazer supermercado, há muitos aspectos a considerar para economizar, a começar pela escolha de um deles. Não espere fazer economia nos chamados empórios e supermercados boutique. Você sabe quais são. Escolha supermercados reconhecidos por oferecer bons preços. E aqui vai mais uma dica: use os aplicativos dos supermercados que praticam bons preços e peça para entregarem na sua casa. Faça uma lista dos itens que realmente precisa e veja como o delivery funciona. Com isso, você evita as compras por impulso que geralmente ocorrem quando você percorre os corredores dos supermercados e acaba não resistindo a ofertas de produtos que não precisa. Compras por impulso ou de supérfluos aumentam em muito o valor total gasto no supermercado e no comércio.

E comprar em atacarejo? Pode ser uma boa ideia, dependendo das necessidades e preferências individuais de cada consumidor. Há vantagens e desvantagens. Veja como fica para você:

Vantagens

Preços mais baixos: de modo geral, os atacarejos praticam preços mais baixos do que os supermercados tradicionais, pois têm margens de lucro menores por conta de vendas em grande quantidade. Mas, como os estoques giram rapidamente, é bom ficar de olho para ver se a atualização dos preços não implica em preços maiores do que os do mercadinho da esquina.

Embalagens maiores: isso pode ser vantajoso para famílias grandes ou para quem deseja economizar comprando grandes quantidades. Mas a abundância pode levar a desperdícios e até mesmo dificultar a perda de peso para quem vai se acostumando a consumir alimentos em quantidades maiores.

Desvantagens

Distância: muitos atacarejos estão localizados em áreas menos acessíveis para alguns consumidores, o que pode tornar o deslocamento até lá não muito conveniente. Coloque no preço o tempo de locomoção e o gasto com combustível.

Taxa de associação: muitos atacarejos exigem taxa de associação. Mas não é nada vantajoso pagar essa taxa se você não for comprar lá com frequência. Às vezes, só o valor da taxa de associação já "mata" quase todos os eventuais ganhos obtidos em preços mais baixos.

Limitações de seleção: embora ofereçam uma grande variedade de produtos, às vezes costumam faltar opções específicas ou as marcas "queridinhas" dos consumidores.

Compras em grandes quantidades: embalagens maiores podem ser vantajosas para famílias grandes, mas são um baita inconveniente quando não há espaço de armazenamento adequado em casa. Pior: podem levar você a comprar mais do que precisa, anulando eventuais economias. Seja no supermercado ou no atacarejo, sempre faça uma lista de compras detalhada, incluindo as quantidades de cada item. Assim, você só compra o necessário e reduz o desperdício. Em segundo lugar, alimente-se antes de ir às compras.

Ops, essa sugestão é uma pegadinha? Não, por incrível que pareça, ir ao supermercado com fome pode levar você a fazer compras por impulso e gastos extras, colocando no carrinho alimentos mais calóricos e ricos em carboidratos, deixando em segundo plano alimentos frescos e nutritivos. Quando o estômago está roncando, pode ser mais tentador comprar alimentos prontos para comer ou lanches rápidos, em vez de ingredientes para refeições saudáveis e caseiras. Na dúvida, faça suas compras sem fome e veja se consegue evitar compras por impulso, mantendo o foco nos itens essenciais da lista, o que pode resultar em economia financeira. Mais quatro dicas:

1. Compare os preços por unidade (por exemplo, preço por quilo ou litro) para saber o que é mais em conta. Não caia em pegadinhas: nem sempre os itens em embalagens maiores são os mais econômicos. Dá trabalho, né?
2. Produtos genéricos ou com o logo do supermercado podem ser mais baratos do que as marcas conhecidas. E, na maioria das vezes, o fabricante é o mesmo.

3. Não desperdice alimentos. Não jogue dinheiro fora. Armazene adequadamente os alimentos e utilize as sobras em outras refeições.
4. Levar crianças ao supermercado é uma baita roubada, elas querem tudo o que encontram pela frente, influenciadas por personagens da Netflix ou embalagens atrativas. Dê um jeito de deixar as crianças em casa. Mas, se não conseguir, combine com antecedência o que pode e o que não será comprado. Na tentativa de minimizar os pedidos de "eu quero" use sua criatividade. Você conhece seus filhos.

Além das dicas de conduta acima, confira uma lista de produtos caros que você deve cortar enquanto estiver endividado. Dependendo das suas preferências pessoais e necessidades dietéticas, esqueça (pelo menos por enquanto) esses produtos:

- Carnes nobres: faça a opção por cortes de carne mais econômicos. Deixe picanha e bife de chorizo para ocasiões especialíssimas. Filé mignon? Aos preços atuais, esqueça. Vá de contrafilé!
- Peixes: consuma pescados acessíveis, como tilápia, pescada e Saint Peter. Camarão, lagosta e salmão? Hum, agora não.
- Produtos orgânicos: você pode viver sem eles. Prefira produtos convencionais, especialmente para itens com casca mais grossa, como abacate ou melão.
- Produtos importados ou gourmet: esqueça. Procure por alternativas nacionais ou produtos similares de marcas locais, para reduzir custos. Continue usando azeite de oliva extravirgem, mas modere as compras de vinagres balsâmicos e condimentos especiais, que são mais caros.
- Queijos nobres: para economizar, pelo menos por um tempo, vá de queijo prato e mozzarella fatiada, no máximo um queijo branco frescal. Queijos como brie, camembert, roquefort, gorgonzola, parmigiano-reggiano, emmental e gruyère ficam para uma super data comemorativa, ok?

Reduza despesas, renegocie contratos e gaste com sabedoria

Volto a insistir: entre em contato com seus provedores de serviços, como operadoras de celular, provedores de internet e empresas de TV por assinatura e negocie melhores tarifas. Pergunte sobre planos mais acessíveis, geralmente só disponíveis para clientes de outras operadoras que eles querem conquistar. Quantas vezes você já viu ofertas para clientes novos que são mais baratas do que as que você, como cliente fiel, está pagando? Então, de tempos e tempos, ligue para sua operadora e peça desconto. Garanto que vai conseguir. É só ameaçar cancelar o plano que eles dão um jeito.

Mais uma coisa: fique esperto com cobranças indevidas, pois muitos provedores de serviços metem a mão no seu bolso sem você se dar conta, cobrando taxas não autorizadas por você e por pseudo serviços prestados.

E quanto ao seu telefone fixo? Ainda tem? A não ser que você faça algum uso muito específico dele (um fax que ninguém mais usa, por exemplo) cancele o plano ainda hoje. Como efeito colateral benéfico, você vai parar de receber no telefone fixo aquelas insuportáveis ligações de telemarketing (vai receber apenas no celular, hahaha). Se conseguir economizar R$ 50,00 por mês, serão R$ 600,00 ao ano. Pense nisso.

- ***Tarifas bancárias***

Negociar tarifas bancárias é quase uma missão impossível nos dias de hoje. Os bancos não são instituições filantrópicas e não vão dar a você nenhuma colher de chá — a não ser que você tenha um volume grande de investimentos ou "consuma" os produtos queridinhos dos gerentes (seguros e títulos de capitalização, por exemplo), que são considerados válidos para você ter uma pontuação que garanta descontos ou isenção de tarifas.

Não mantenha contas em muitos bancos para não gastar dinheiro à toa com tarifas. É melhor ser um cliente um pouco maior em um só banco do que pequeno em muitos.

Mas, se o seu banco usar o critério de relacionamento para a cobrança de tarifas, pode ser que você consiga uma isenção ou redução. Ou seja, se você tiver pai, mãe, filho ou irmão com muita grana no mesmo banco que você, de repente você pode conseguir a mesma isenção de tarifa da qual seu parente rico já se beneficia. Não conseguiu nada com seu (inflexível) banco? Avalie a conveniência de começar um relacionamento bancário com um banco digital. Há dezenas que não cobram nenhuma tarifa. E você abre a conta pela internet. Superfácil.

- ***Anuidade do cartão de crédito***

Se você tem um ou mais cartões de crédito, acredite em mim: as operadoras de cartão adoram você. Primeiro porque você paga a elas uma taxa chamada anuidade. Segundo, porque, a cada vez que usa seu cartão, você automaticamente obriga o lojista a pagar um percentual a elas. Ou seja, em vez de você receber uma remuneração por estar gerando receita para a operadora do cartão, você ainda paga uma anuidade. Legal, né? E, se você não pagar a fatura mensal pelo valor total, aí sim é que o pessoal do cartão vai gostar ainda mais de você. Com razão, pois pagando o mínimo da fatura, como você já viu, vai pagar a maior taxa de juros do planeta.

Deve ser por isso que a administradora não pergunta se você quer continuar com o cartão, ela simplesmente emite um novo, manda para a sua casa e depois envia a conta na forma de anuidade.

Dica: não espere que debitem a anuidade na fatura. Ligue para a central de atendimento do seu cartão e peça isenção (ou estorno, caso a anuidade já tiver sido cobrada). Essa é uma negociação que vale a pena. Se você tem investimentos superiores a R$ 100 mil em seu banco, com certeza vai conseguir isenção total. Se não tiver, negocie da mesma forma e insista para receber uma redução significativa, caso contrário diga que vai cancelar o cartão. Na maioria das vezes funciona. Faça as contas: a anuidade de um cartão Black, de qualquer bandeira, é superior a R$ 300,00. Imagine esse valor aplicado e recebendo juros compostos ao longo de 30 anos! É muito dinheiro!

Quanto às milhas que acumula, você pode vendê-las ou utilizá-las para viabilizar uma viagem no futuro, quando não tiver mais dívidas.

Uma palavra final sobre cartão de crédito e um conselho de amigo: não faça compras já sabendo que o gasto vai ampliar o rombo no seu cheque especial ou aumentar a dívida do seu cartão de crédito. A tentação sempre é muito grande, pois as propagandas estimulando o uso do seu cartão de crédito são muito boas, empoderam. E se você tiver um cartão Platinum ou Black, aí sim você vai tirá-lo da carteira com indisfarçável orgulho.

Contenha-se! Cartão de crédito não é dinheiro, é meio de pagamento. Vai por mim, depois de tomar a decisão de fazer compras sem ter dinheiro na conta, é muito difícil consertar o erro por conta das altas taxas de juros cobradas no rotativo.

A título de curiosidade, você sabia que o recorde de juro alto foi quebrado em dezembro de 2016? Naquele mês, segundo o Banco Central, o juro do cartão chegou a 484,6% ao ano — o equivalente a 15,85% ao mês.

Com taxas de juros dessa magnitude, a dívida torna-se impagável, impossível de ser quitada. Na data em que esse livro foi escrito, dezembro de 2024, segundo o Banco Central do Brasil, os juros cobrados no rotativo do cartão de crédito estavam em 445,8%, a maior taxa dos 18 meses anteriores.

Entretanto, a farra do pagamento da fatura pelo mínimo *ad eternum* teve um desdobramento importante, quando o Banco Central resolveu dar uma mão para os devedores, estabelecendo novas regras para reduzir a inadimplência, que é a incapacidade de uma pessoa pagar suas dívidas.

A partir de 2025, o valor máximo a ser pago pelo consumidor estará limitado ao dobro do valor de sua compra ou gasto inicial. Já é alguma coisa, mas isso ainda está longe de ser o ideal. É preciso que os juros no Brasil voltem a patamares mais civilizados.

- ***Contas de energia elétrica e de água***

Se você tem eletrodomésticos mais antigos, especialmente freezer, geladeira, secadora e lavadora, certamente terá espaço para reduzir sua conta de energia quando algum desses aparelhos precisar ser substituído.

Explica-se: os eletrodomésticos atuais gastam menos energia. Então, ao comprar um eletrodoméstico novo fique atento a esse detalhe. Se possível, aposente o chuveiro elétrico e instale um aquecedor a gás, um investimento que vale a pena.

Ar-condicionado: os modelos "inverter" gastam menos, mesmo assim, use com moderação. Se ainda não tem ar-condicionado em casa, fique com o bom e velho ventilador de teto por mais algum tempo. Verifique as lâmpadas atuais e troque-as por lâmpadas de LED. E não deixe aparelhos ligados ao sair do ambiente ou de casa.

- ***Água***

Faça o possível para economizar. Seu bolso e o planeta agradecem.

- ***IPTU***

Pague no prazo, de preferência à vista, com desconto. Se o desconto for ridículo, como no caso do IPTU de São Paulo, pague em parcelas mensais. Coloque no débito automático.

- ***IPVA, licenciamento de veículos e multas de trânsito***

Pague o IPVA à vista com desconto e faça o licenciamento pela internet, por meio do seu banco. Multas: pague pela internet, pelo seu banco, com desconto.

- ***Seguros***

Ao renovar o seguro residencial e de automóvel, não aceite a primeira cotação. Peça mais de uma proposta ao corretor, pois sua seguradora atual pode apresentar uma cotação pior na renovação. Peça o desconto máximo, verifique se o corretor levou em consideração eventuais bônus e comece a pagar fazendo a opção de maior número de parcelas sem juros. Coloque no débito automático para não ter surpresas.

- ***Economia de gastos com seu carro***

Eu adoro automóvel, mas agora que não tenho mais o carro do banco onde trabalhava — com todas as despesas pagas —, deixei de trocar de carro todos os anos. Então, por experiência própria, posso dizer que ter um carro, hoje, é como ter uma segunda família. Está se tornando um luxo caro, para poucos.

Você já fez as contas de quanto pesam no seu orçamento os gastos com seu carro ou carros? Vamos combinar, pesam muito, é tudo muito caro. Talvez você precise partir para uma solução alternativa: aderir à carona solidária, vender seu carro (ou um dos carros), usar transporte coletivo, táxi, 99, Uber e até mesmo sua bike.

A economia é gigantesca: você não gastará mais com combustível, estacionamento, IPVA, licenciamento, multas de trânsito e manutenção preventiva. Vai poder aplicar no mercado financeiro o valor que será liberado com a venda do seu carro e também não vai mais perder dinheiro com a desvalorização/depreciação do carro ao longo do tempo. É muita coisa. Quer uma prova?

- ***Carro próprio ou Uber?***

Se você se pergunta o que é mais vantajoso — manter um carro próprio para trabalhar durante a semana, passear ou viajar nos finais de semana — ou vender o segundo carro da família e usar Uber ou um carro de aplicativo para o dia a dia e finais de semana, fizemos algumas contas simples para descobrir.

Primeira hipótese: você roda de casa ao trabalho e nos finais de semana, totalizando 1.000 km por mês.

Compare os gastos, de acordo com as premissas a seguir.

Custo de ter um carro próprio, um Toyota Corolla usado, por exemplo:

Custo de ter um carro próprio (1.000 km/mês)

1. Valor do carro: R$ 80.000,00
2. Gastos mensais:
   - Gasolina: R$ 700,00
   - Seguro: R$ 400,00
   - IPVA: R$ 250,00
   - Manutenção e revisões: R$ 100,00
   - Multas: R$ 60,00
   - Lavagem: R$ 100,00
   - Custo financeiro (valor de R$ 80.000,00 imobilizado no carro e não aplicado no mercado financeiro): R$ 4.000,00

Custo mensal total do carro próprio = R$ 5.610,00
Gasto mensal com Uber = R$ 1.800,00

Conclusão I

Se você roda 1.000 km mensais, manter um carro próprio é significativamente mais caro do que utilizar Uber ou carro por aplicativo. Custa R$ 3.810,00 a mais por mês. O fator que mais pesa na diferença é o custo financeiro de manter o valor do carro imobilizado, sem aplicação desse valor num CDB.

"Ah, Nato, eu rodo muito mais" — 2.000 km por mês? Como fica a diferença?

Segunda hipótese: ajustando o cálculo para refletir o novo cenário, em que você roda 2.000 km por mês, o gasto com combustível sobe para R$ 1.400,00 de combustível ou R$ 3.600,00 com Uber.

Custo de ter um carro próprio (2.000 km/mês)

1. Valor do carro: R$ 80.000,00
2. Gastos mensais:
   - Gasolina: R$ 1.400,00

- Seguro: R$ 400,00
- IPVA: R$ 250,00
- Manutenção e revisões: R$ 100,00
- Multas: R$ 60,00
- Lavagem: R$ 100,00
- Custo financeiro (valor de R$ 80.000,00 imobilizado no carro e não aplicado no mercado financeiro): R$ 4.000,00

Custo mensal total do carro próprio = R$ 6.310,00
Gasto mensal com Uber = R$ 3.600,00

Conclusão II

Para quem roda 2.000 km por mês, ter um carro próprio continua sendo muito mais caro em relação ao uso de Uber, com uma diferença de R$ 2.710,00 por mês.

Pior: se o valor do seu carro for mais alto do que os R$ 80.000,00 do Toyota Corolla do exemplo, a desvantagem é ainda maior, pois há um aumento do custo financeiro, do valor do seguro e do IPVA. Se fizermos as contas em termos anuais, acho que dá para repensar manter dois carros na garagem. E se levarmos em conta a depreciação do veículo ao longo do tempo — que não foi considerada nesses cálculos —, aí é que as coisas complicam.

Importante: se os dados dos exemplos não se aplicarem à sua situação específica, é fácil você fazer uma simulação com dados reais. Confira o valor do seu carro na Tabela Fipe, veja quanto pagou de seguro e IPVA por ano e divida por 12. Depois, considere a média mensal de gastos reais com combustível e manutenção e faça suas próprias contas. É muito simples.

Vai manter um carro só? Então não faça "economia burra" no quesito manutenção.

Confira estas 9 dicas para gastar com sabedoria.

1. Não adie serviços essenciais, nem use filtros e óleos além da quilometragem prevista pelo fabricante. Troque o óleo e os filtros a cada 5.000 ou 10.000 km (de acordo com o tipo de óleo) e jamais use no seu carro óleo de motor genérico ou reciclado. E mais: um filtro de ar velho ou entupido altera a mistura de combustível. Com isso, o carro anda menos e gasta mais, vira

um beberrão. E não abasteça em postos de bandeira suspeita, que vendem combustível barato e produtos de procedência duvidosa. Você vai acabar com o motor do carro, que vai juntar borra, perder potência e gastar mais.

2. Cuidado com o consumo de combustível. Seu carro é flex ou a gasolina? Qual é o uso que você faz do seu veículo? Use gasolina se você vai a vários lugares todos os dias e isso requer ligar e desligar o motor várias vezes. Em viagens, vá de etanol.
3. Nunca deixe o nível de combustível atingir a reserva, pois isso obriga o "pescador" a sugar o combustível do fundo do tanque, que pode conter impurezas e causar um entupimento da bomba de combustível.
4. Encha sempre o tanque e mande o frentista parar no automático. Em vez de ficar colocando 100 reais a cada abastecimento — e dando gorjeta em todos eles — encha 100% do tanque e dê uma gorjeta só!
5. Verifique a pressão dos pneus regularmente. Quando o carro trafega com pneus calibrados corretamente gasta menos combustível. Os pneus duram mais quando estão com a calibragem correta. Ao viajar, aumente a pressão em 2 ou 3 libras. O carro fica mais estável, gasta menos combustível e os pneus duram mais.
6. Alinhamento de direção e balanceamento: quando o carro está desalinhado, gasta mais pneu, perde estabilidade, fica mais "amarrado" e gasta mais combustível.
7. Olho na tampa do tanque. Se estiver com defeito, o combustível pode vazar ou evaporar. Troque-a para seu dinheiro não evaporar junto.
8. Dirija de modo suave: arrancadas e freadas bruscas aumentam o consumo e acabam com os discos e pastilhas de freios.
9. Não dirija com o pé apoiado no pedal de freio: isso desgasta as pastilhas e aumenta o consumo de combustível.

P.S.: Se você chegou a estranhar a presença dessas dicas sobre automóvel em um livro de educação financeira, agora já sabe o motivo. Siga-as ao pé da letra, vai economizar uma grana. E se tinha dúvidas sobre o custo do "luxo" de ter um segundo carro na garagem, talvez agora não tenha mais.

- ***Academia***

Os donos da sua academia piraram e aumentaram as mensalidades de uma forma absurda? Não aceite, não jogue dinheiro fora. Matricule-se numa outra, tão boa quanto. Pesquise, é incrível a diferença de preços para um serviço que é praticamente igual.

- ***Pets: os prós e os contras de ter um pet em casa***

Nos últimos anos, talvez você tenha notado uma mudança interessante entre os casais mais jovens ao seu redor. Cada vez mais, a decisão de não ter filhos é substituída pela adoção de animais de estimação, que passam a ocupar um papel central em suas vidas.

Se você possui um animal de estimação, há de concordar comigo: ter um pet em casa é uma experiência maravilhosa. Além de oferecer companhia e proporcionar bem-estar emocional, cachorros e gatos acabam se tornando membros da família. Cuidar deles dá trabalho e custa dinheiro, mas, no nosso cotidiano, eles são fonte de alegria.

Durante a pandemia da covid-19, o número de adoções de animais de estimação cresceu exponencialmente, pois muitos viram nos pets uma forma de enfrentar a solidão e o isolamento. Passada a pandemia, o mercado manteve-se em plena expansão, um movimento que ocorre tanto no Brasil quanto no resto do mundo.

Sempre soubemos o quanto a companhia de um pet pode ser importante para idosos, mas, hoje em dia, o dado surpreendente é que os pets se tornaram uma unanimidade também entre os jovens.

Essa nova geração tende a priorizar experiências e relacionamentos em detrimento de bens materiais. Quando comparados à geração anterior, os jovens de hoje demoram mais para sair da casa dos pais; quando se casam, preferem cerimônias simples (usando o dinheiro que gastariam numa festa tradicional em viagens); hesitam em ter filhos (e, quando decidem tê-los, optam, no máximo, por um casal); não têm mais "aquela" necessidade de ter uma casa própria logo ao se casarem (muitos preferem alugar); e não têm problema algum em usar transporte coletivo, táxis ou carros de aplicativo, em vez de deter a posse de um (caro) automóvel. E amam ter um ou mais pets em casa.

Esse é o lado positivo de tratar essa questão. Mas, fazendo o papel de advogado do diabo, é preciso deixar claro que manter um pet custa muito dinheiro e pode se tornar um vilão do orçamento doméstico. Considerando que o mercado voltado para os pets cresce a passos largos, fica muito difícil para os donos resistirem às novas "necessidades" criadas por esse segmento. Hoje, já há condomínios que possuem espaços para brincar com os pets de forma segura (os chamados Pet Places), serviços de alimentação natural para animais, padarias especializadas e até mesmo crematórios exclusivos. Essa expansão reflete o quanto os animais de estimação se tornaram importantes na vida de muitas famílias.

Cuidar de um pet envolve responsabilidades financeiras significativas. Manter um animal de estimação não é barato. Custos com alimentação, higiene, consultas veterinárias, vacinas e, em alguns casos, até serviços como passeadores ou banho e tosa em domicílio podem variar entre R$ 300 e R$ 1.000 mensais, ou até mais, dependendo do tamanho e das necessidades do animal. Além disso, emergências de saúde podem resultar em despesas imprevistas com exames e cirurgias, o que pode desestabilizar o orçamento familiar.

Nenhum dono de pet se nega a pagar por cuidados veterinários quando seu animal realmente precisa, mesmo que isso signifique entrar no cheque especial ou detonar o cartão de crédito.

Para aqueles que estão enfrentando dificuldades financeiras, é fundamental avaliar o impacto dos custos com pets no orçamento. Embora a companhia de um animal seja inestimável em termos emocionais, os gastos associados — como alimentação, banhos, vacinação e cuidados veterinários — podem representar um peso considerável para quem está tentando equilibrar as contas. Por isso, quem deseja ter um pet deve incluir esses custos no planejamento financeiro, assim como faz com outras despesas recorrentes, como aluguel ou seguro saúde.

E, embora desfazer-se de um pet por motivos financeiros seja, para muitos, uma decisão extrema e dolorosa, é preciso encarar a realidade econômica com clareza e estar ciente das responsabilidades financeiras que acompanham essa escolha. Assim, se você está querendo cortar despesas para se reerguer, talvez faça sentido avaliar o quanto os gastos com seu pet estão contribuindo para o seu endividamento.

- ***Kids***

Sinto muito dizer isso na lata: aprenda a dizer não. Vamos lá: o importante, neste tópico, é avaliar o peso no orçamento das despesas relacionadas às crianças, incluindo alimentos, roupas, brinquedos, educação, atividades extracurriculares e entretenimento.

Seja você um cara endividado ou não, pode ser uma boa ideia dar uma revisitada em comportamentos e posturas, dos pais e dos filhos. Em princípio, ninguém melhor do que os pais para educar e dar bons exemplos aos filhos. Seu exemplo vale ouro e se você conseguir ensinar o valor do dinheiro, estamos com meio caminho andado. Dinheiro não aceita desaforo e não nasce em árvore. Se você está lendo esse livro, significa que trabalha duro para conquistá-lo. E isso precisa ficar claro para as crianças. Filho que pede tudo e ganha tudo acaba não dando valor para nada. Como já disse, é fundamental saber dizer não. Brinquedos mais caros têm data certa para serem dados, é para isso que servem o Natal e os aniversários. Deixe a garotada sonhar com uma bicicleta nova, quando ganharem vai ser uma conquista. Não dê nada de mão beijada após ouvir "eu quero". Veja se o que vem a seguir faz sentido para você.

Mesada

Não sei a idade certa, pois depende da maturidade da criança, mas vai chegar a hora de instituir a mesada. Não existe nada melhor do que isso para a criança sentir na pele como é acabar o dinheiro. É assim que ela começa a se planejar, vai chegar uma hora que vai evitar gastos menores para juntar dinheiro para gastos maiores. Tal qual os pais devem fazer.

Priorize o básico do básico

Concentre-se em atender às necessidades básicas das crianças, como alimentação saudável, roupas adequadas e acesso à educação antes de considerar gastos extras. Reduza a exposição a influências que promovam o consumo excessivo e, mais importante de tudo, ensine-as a valorizar suas próprias conquistas e o que possuem, independentemente do que os outros têm. É fundamental evitar comparação e competição.

Reutilize e recicle brinquedos

Em vez de comprar brinquedos novos e caros, considere reutilizar ou reciclar brinquedos antigos. Bicicletas, jogos de tabuleiro e muitos outros brinquedos podem perfeitamente passar de irmão para irmão, de amigo para amigo. É importante que a crianças aprendam a valorizar e a cuidar bem das coisas que possuem, em vez de buscar constantemente coisas novas. Tudo isso vale para roupas de qualidade, aquelas "que não acabam", que podem perfeitamente circular entre irmãos, primos e amiguinhos.

Festas de aniversário

Organizar uma festa de aniversário em um buffet infantil pode ser pesado para o bolso. Mas, para não deixar a data passar em branco, experimente celebrar de maneira diferente. Se estiver "duro", faça uma festa simples em casa ou em espaços públicos gratuitos, como parques. Deixar a criança escolher alguns amigos para dormir em casa pode ser uma opção divertida e barata.

Atividades

Avalie as atividades extracurriculares em que as crianças estão envolvidas e reduza as que têm alto custo. Priorize as que ofereçam benefícios educacionais ou físicos. Incentive as que não envolvam gastos excessivos, opte por leitura de livros, artesanato e prática de esportes.

Limites, expectativas e o valor do seu exemplo

Estabeleça limites claros em relação a gastos e explique os motivos reais por trás dessas decisões. Ajude a criança a entender a diferença entre necessidade e desejo. Dependendo da idade ou do grau de maturidade de seus filhos, inclua-os nas discussões sobre finanças familiares e ensine a importância de tomar decisões financeiramente responsáveis. Mais do que isso, sirva de exemplo e torne-se um modelo de comportamento financeiro, praticando hábitos saudáveis como planejar, economizar e evitar gastos impulsivos. Ao implementar essas estratégias, você pode ajudar a promover uma mentalidade de consumo consciente e ensinar às crianças habilidades financeiras valiosas para o futuro.

Em suma: é impossível, para o autor, saber se todas as dicas acima se aplicam à situação específica do leitor. Ignore o que não fizer sentido para você, mas mantenha-se atento a outras possibilidades de pagar menos pelos serviços que consome.

A seguir, vamos falar da importância de trabalhar com um orçamento doméstico bem elaborado. Com ele, é fácil identificar as despesas que fazem sentido para sua vida e as despesas que podem ser objeto de reflexão e, se for o caso, de corte.

CAPÍTULO 3

O Valor de Um Orçamento Doméstico Ajustado

Cada ajuste, por menor que seja, faz muita diferença

Acredito que nesta altura dos acontecimentos você já deu alguns passos corajosos para sair das dívidas: fez uma análise detalhada de todos os seus gastos, cortou despesas desnecessárias e comprometeu-se a evitar supérfluos. Agora, é hora de valorizar o *timing* e fazer com que toda essa mudança se transforme num plano concreto e sustentável.

Imagine-se como um piloto ajustando o curso de um avião. Cada ajuste, por menor que seja, pode fazer a diferença entre chegar mais rápido ao destino, consumindo mais combustível, ou alongar o tempo de voo e assim economizar energia. Da mesma forma, seu orçamento doméstico é o plano de voo que garantirá uma vida financeira estável e livre de dívidas — quanto mais equilibrado, menos tempo de voo para você alcançar suas metas, conforme sua escolha.

Com o corte de gastos entrando em vigor, é provável que você já tenha encontrado uma folga financeira. Esse espaço recém-criado no seu orçamento será uma oportunidade de ouro, um redesenho de sua rota financeira para que cada real trabalhe a seu favor.

Esteja sempre atento aos sinais emitidos pelo seu orçamento. Não tomar providências para corrigir falhas é o mesmo que não dar bola para aquela luz de advertência no painel do seu carro, que costuma às vezes se acender para alertar sobre algum problema de funcionamento do veículo. Essas luzes são chamadas de "*leading indicators*" e você não deve simplesmente apagá-las, precisa saber porque elas estão acesas e consertar o problema. Optar por retirar o fusível para simplesmente apagar o ícone luminoso é "pedir" para seu carro deixar você pelo caminho. De forma análoga, no seu orçamento, se você não atacar a raiz do problema do excesso de gastos, pode pagar um preço alto.

Com seu orçamento ajustado em mãos, priorize suas dívidas. Determine quanto dinheiro estará disponível todos os meses para pagamentos e amortizações. Essa quantia será seu trunfo na negociação de condições melhores para quitar as dívidas. Ao demonstrar uma capacidade realista de pagamento, você pode conseguir um parcelamento com juros mais baixos, reduzindo o montante total a ser pago.

Mas, fique atento: atualizar seu orçamento não é uma tarefa definitiva; é um compromisso contínuo. Revise suas finanças regularmente para garantir que está no caminho certo. Se surgir uma despesa inesperada, ajuste o orçamento imediatamente para não comprometer seu progresso. Ao atualizar seu orçamento e monitorar suas finanças com cuidado, você estará assumindo o controle do seu destino financeiro. A cada mês, a cada pagamento de dívida, você se aproximará mais da liberdade financeira. Prepare-se para celebrar: este é o seu momento de virar o jogo, de transformar sua realidade e garantir um futuro próspero e sem dívidas.

O próximo capítulo é um dos mais importantes do livro. Minha missão agora vai ser convencer você a não pagar juros, principalmente no cartão de crédito. Não há a menor chance de você ou qualquer pessoa conquistar segurança financeira enquanto estiver pagando juros altos.

CAPÍTULO 4

Terapia de Choque: Pense Bem Antes de Pagar Juros Altos

Juro alto do cartão: o maior bicho-papão do orçamento doméstico

Chegamos até aqui com conquistas a celebrar. Estou seguro de que agora você entende exatamente a extensão de suas dívidas e que tem uma visão clara e consolidada de sua situação financeira. Agora que conquistou uma folga no seu orçamento, é hora de procurar todos os seus credores e concentrar-se em pagar as dívidas mais caras. Se você estiver pendurado no cheque especial ou no rotativo do cartão, precisa agir rápido.

Fale com seu gerente de banco e peça um empréstimo pessoal com taxa baixa, se possível oferecendo imóvel como garantia. Melhor ainda: se tiver a idade necessária para isso, contrate um empréstimo consignado, que é a modalidade de crédito mais barata para pessoa física. Assim que o dinheiro entrar na sua conta, pague primeiro a dívida do cartão e depois cubra o cheque especial.

Repito: a não ser que você deva dinheiro para algum agiota, peço encarecidamente que pague primeiro a dívida do cartão de crédito.

Eu já disse que os juros altos do cartão são o maior bicho-papão do orçamento doméstico. Mas eu tenho dúvidas se você tem ideia do real tamanho da encrenca que é pagar os juros do cheque especial e do cartão de crédito. Então, faço questão de provar com esse exemplo com dados reais, relativos a junho de 2024.

Confira a enorme diferença entre os juros que um cidadão brasileiro paga ao ficar no vermelho no cheque especial ou cartão de crédito e o quanto esse mesmo cidadão consegue receber ao investir no mesmo banco, no mesmo dia, na mesa do mesmo gerente.

Segundo dados obtidos em portais na internet, entre os quais o Infomoney, estas eram as taxas brutas que um investidor de porte médio receberia ao aplicar seu dinheiro nos bancos em dezembro de 2024, com pouca diferença para mais ou para menos, dependendo do banco.

- Aplicação em poupança: 7,8% ao ano
- Investimento em CDB 100% do CDI: 12,25% ao ano (Selic)
- Investimento em Tesouro Direto Prefixado: 15% ao ano

Ainda em dezembro de 2024, o tomador de crédito pagaria, em média, as seguintes taxas, sendo o rotativo do cartão a modalidade mais cara.

- Juros do cartão de crédito: 430% ao ano (média)
- Cheque especial: 125% ao ano
- Empréstimo pessoal: 97,38% ao ano

Isso é o que eu considero uma bela discrepância, não é mesmo?

Você faz ideia do estrago que isso provoca na vida de um devedor, ao longo do tempo? Se faz apenas uma leve ideia, eu faço as contas para você.

Para você não esquecer jamais, compartilho uma historinha para que possa tirar suas próprias conclusões — e nunca mais pagar juros altos. Leia com redobrada atenção.

Elise May e Otavio Augusto

Quero apresentar a vocês Elise May e Otavio Augusto, os personagens dessa historinha escrita sob medida para o cidadão que paga juros altos (de forma consciente ou não) e também para todos que acham que aplicar na poupança é um bom negócio ou uma forma de se proteger da inflação. Nomes fictícios para uma narrativa feita com dados absolutamente verídicos.

Elise May e Otavio Augusto são gêmeos, filhos de família abastada. Os irmãos sempre se deram superbem. No dia 1º de janeiro de 2014, quando completaram 16 anos, ambos ganharam R$ 1.000,00 dos pais. Excitados e felizes, foram celebrar no Shopping Morumbi, na zona sul de São Paulo.

Elise May era uma adolescente bem centrada e bastante controlada quando o assunto era dinheiro. Comprou duas camisetas, pagou R$ 80,00 em dinheiro com suas economias e, aproveitando a proximidade de uma agência bancária no shopping, depositou os R$ 1.000,00 na caderneta de poupança. Uma grana para não mexer, não tinha nenhum projeto imediato para ela.

Otavio Augusto, ao contrário, era muito vaidoso, gastador, adorava supérfluos. Comprou dois pares de óculos Armani, várias camisas Lacoste, dois pares de tênis Nike, bonés de marca e mais alguns objetos de desejo que foi encontrando naquela autêntica *shopping expedition*.

Empolgado, foi gastando sem fazer muita conta. Resultado: gastou os R$ 1.000,00 que ganhara do pai e pagou os demais gastos com cheques (sim, naquele tempo as pessoas ainda usavam talão de cheques). Em suma, como baita irresponsável que era, acabou usando o total do limite do seu cheque especial, que por coincidência era de R$ 1.000,00. “Ah, azar, depois eu cubro”. Mas, como vivia na fazenda de seu pai, nunca mais colocou os pés naquele shopping, nem lembrou mais da conta que ficara no vermelho.

No meio do ano, ambos viajaram para os Estados Unidos para fazer intercâmbio. Elise May teve muita sorte, foi aceita por uma família da Califórnia, que morava perto de Venice Beach (ela amava praia). Otavio Augusto, por sua vez, foi aceito por uma família do Colorado. Amou a perspectiva de esquiar em Aspen, perto da casa onde passaria um ano. Mal sabiam eles que não voltariam tão cedo. Amaram os Estados Unidos e decidiram fazer faculdade por lá, após terminarem o ensino médio.

Para encurtar a história: ambos entraram para a universidade (Elise May em Berkeley e o irmão na Universidade do Colorado). Elise May fez medicina e residência e Otavio Augusto, que era um grande “vagal” no Brasil, se descobriu nos Estados Unidos e fez vários MBAs em finanças. Algumas vezes os irmãos se encontravam para matar a saudade, ora pegando uma praia juntos no verão californiano, ora esquiando em Aspen. E assim se passaram 10 anos. Até que um dia ambos resolveram voltar para o Brasil.

Coincidência? Não, ambos não aguentavam mais a onda de roubos que assolava as grandes cidades americanas. Um dos grandes atrativos de morar nos EUA era a segurança. Até que isso mudou. E como estavam mesmo com vontade de ficar mais próximos dos pais, já bem velhinhos, por que não voltar para o Brasil?

Novidade: Elise May voltou ao Brasil acompanhada. Ela havia se casado em Las Vegas com Christine Geller, amiga de faculdade inseparável, mas Otavio Augusto continuava um solteirão convicto. Chegando aqui, ficaram surpresos com a quantidade de novos shoppings. Mas, no Morumbi Shopping, parecia que o tempo havia parado. Logo na primeira semana, foram almoçar lá. E deram de cara com a agência bancária onde estiveram 10 anos antes. Era a mesma, mas parecia diferente. Parecia que uma bomba de nêutrons tinha acabado com os humanos. Foi difícil achar um gerente, estava tudo automatizado.

Otavio Augusto, que voltara dos Estados Unidos todo certinho, meio nerdão, quis saber se sua antiga conta bancária ainda estava ativa (*"Será que o banco jogou a dívida para Créditos em Liquidação ou Lucros e Perdas, e eu não devo mais nada?"*).

Bem, a conta estava ativa e seu saldo devedor era um número astronômico! A dívida havia sido corrigida, em média, a uma taxa de 12% ao mês, o que dava a bagatela de R$ 805.680.255,01! Você leu bem: mais de oitocentos milhões de reais.

Otavio Augusto quase teve uma síncope, queria matar o gerente do banco. Para ser bem fiel aos fatos, mandou o gerente para aquele lugar. "Dane-se a dívida, não vou pagar de jeito nenhum. Vocês estão loucos?"

Como homem de finanças que era agora, supernerd, conferiu tudo na sua calculadora científica (ou seria uma HP 12C?) e viu que o cálculo do banco estava correto em termos matemáticos. Era um assalto mesmo! Mas, depois de Elise May o acalmar, pediu para que o gerente calculasse a dívida com juros mais palatáveis. O gerente consultou a matriz e reduziu os juros para 5% ao mês. Recalculada, o valor de sua dívida no cheque especial caiu para R$ 348.911,99.

"O quê? Vocês continuam loucos. Não há a menor chance de eu pagar!"

Transtornado, levantou-se, disse um sonoro palavrão em inglês para o gerente atônito e afirmou que não poria mais os pés naquele banco. *Never*. E decidiu: "Nunca mais vou pagar juros na minha vida."

Elise May, que era a calma em pessoa, interveio novamente e pediu para o gerente recalcular a dívida a no máximo 3,5% ao mês. Era pegar ou largar. E assim foi feito: a dívida de R$ 1.000,00 contraída 10 anos antes, atualizada com juros de 3,5% ao mês ficava em R$ 62.064,32, o equivalente ao preço de um carro popular barato, como o Renault Kwid.

Resignado, Otavio Augusto resolveu pagar ("*Ainda bem que eu voltei com um monte de dólares dos Estados Unidos*"). Pagou fulo da vida, mas pagou. Não antes de "inadvertidamente" derrubar café na mesa do gerente ("*Ops, desculpa aí*") e de "deixar" cair um sachê de açúcar cristal no carpete bege ("*Ops, foi mal*"). Ato contínuo, olhou com seu olhar número 3 para o incrédulo gerente, encerrou a conta e divulgou tudo num vídeo nas redes sociais, que, é claro, viralizou. Vídeo caprichado, com legendas em inglês, inclusive dos palavrões.

E Elise May? Ela, que havia ido ao banco com o irmão apenas para lhe fazer companhia, havia aproveitado para verificar o saldo atualizado de sua poupança e, quem sabe, usar o dinheiro para dar entrada num carro. Doce ilusão.

Para sua mais completa decepção, o saldo atualizado da sua poupança era de apenas R$ 2.309,60. "Caramba, só isso?" Ela, que sempre foi de uma candura extrema, desta vez perdeu a esportiva. Foi ao caixa, apresentou sua identidade e disparou: "Quero encerrar minha conta agora. Me passa meu dinheiro até com os centavos, antes que eu faça um escândalo e coloque no meu Instagram."

Pergunta que não quer calar: como pode haver uma discrepância tão grande entre os juros que o banco paga e os juros que o banco cobra? Só para relembrar: a dívida de Otavio Augusto, depois de uma tarde de negociações, equivalia ao preço de um Renault Kwid.

E o saldo de R$ 2.309,60 de Elise May na poupança mal dava para comprar um jogo de pneus para o "mesmo Kwid" que seu irmão acabara de pagar ao banco. É ou não é um verdadeiro absurdo?

Como já disse, os cálculos são exatos, apenas os personagens são fictícios. O ponto central aqui é que a narrativa ilustra com perfeição o estrago que os juros altos fazem na vida de um devedor. E que a poupança é um péssimo investimento. ***Tenho certeza de que agora você vai pensar duas vezes antes de entrar no vermelho do cheque especial e/ou parcelar suas compras no rotativo do cartão.***

Quer conferir as contas? Use a Calculadora do Cidadão do Banco Central do Brasil para fazer ou conferir as contas, uma ferramenta prática que permite simular operações financeiras de forma simples e rápida.

Com a Calculadora do Cidadão, você pode calcular o valor de financiamentos, investimentos, correção de valores pela inflação, além de simular a evolução de poupança e empréstimos.

Por exemplo, é possível verificar quanto uma aplicação renderá ao longo de um período, qual será o valor da prestação de um financiamento, qual será o valor futuro de um capital etc. Tudo isso de forma acessível e gratuita pelo site ou aplicativo.

Este link leva você diretamente para a Calculadora do Cidadão do Banco Central: https://www.bcb.gov.br/meubc/calculadoradocidadao

Se preferir utilizar o seu smartphone, baixe o app na sua loja de aplicativos. Logo na primeira tela do app você vai encontrar os quatro principais serviços disponíveis.

- **Aplicação financeira**

Você pode calcular quanto terá após algum tempo se depositar um valor em reais todos os meses. É muito fácil calcular. Preencha os campos indicados com (1) Valor do depósito mensal, (2) Quantidade de meses, (3) Taxa de juros mensal que você conseguirá aplicar seu dinheiro. Pronto: o app mostra o valor que você terá no final do período.

- **Financiamento**

Para saber o valor da prestação de um bem que deseja financiar é simples. Preencha: (1) Valor a financiar, (2) Quantidade de meses, (3) Taxa de juros mensal que você vai pagar. Pronto: no visor do seu celular aparecerá o valor da prestação mensal.

- **Valor futuro**

Para calcular o valor futuro de um dado valor é igualmente simples. Preencha os campos indicados com (1) Capital atual, (2) Quantidade de meses, (3) Taxa de juros mensal que esse capital será aplicado. Pronto: o app mostra o valor obtido no final.

- **Correção de valores**

Com essa tela você consegue corrigir qualquer valor com o índice que desejar, como CDI, IGP-M, IPCA etc. Coloque na tela (1) Índice escolhido, (2) Data inicial, (3) Data final. Pronto: no visor do seu celular aparecerá corrigido no prazo estipulado.

Estou seguro de que você ficou convencido da real necessidade de eliminar a palavra juros da sua vida. Juros que você paga, bem entendido. Mas apenas a conscientização não basta. É hora de tomar medidas concretas. É hora de atuar para acabar com suas dívidas.

CAPÍTULO 5

Reestruturando e Eliminando Dívidas

É hora de união: convoque uma reunião familiar para falar sobre dívidas

Não importa os motivos que tenham causado as suas dívidas e as dos seus familiares, alguém tem que assumir a responsabilidade para comandar o processo de saneamento financeiro. Melhor que seja você.

Para sair do vermelho, não há meias palavras: ou você aumenta sua renda ou altera hábitos para diminuir seus gastos. Melhor ainda se conseguir as duas coisas.

Você vai precisar de apoio para que seu projeto de sair do vermelho dê certo, vai precisar de total compromisso familiar daqui pra frente. Afinal, não adianta nada só você se sacrificar enquanto sua família continua gastando sem controle. Em termos práticos, como dar início ao seu plano? Antes de procurar seus credores, talvez você ache uma boa ideia seguir estes passos.

De posse de todas as informações sobre suas receitas, despesas e dívidas, minha sugestão é que você convoque formalmente uma reunião familiar, na qual fará uma apresentação da realidade financeira da família, mostrando o tamanho da encrenca e o que pode acontecer caso nenhuma providência seja tomada. Deverão estar presentes todas as pessoas que têm contas pagas por você e todos os que poderão ser afetados por cortes ou racionalização de despesas. Não deixe que nada roube a cena. Nesse dia, o grande objetivo é obter um compromisso da família para ações de contenção de despesas e geração de receitas.

Ouça a opinião de todos. Busque consenso, conscientização e compromisso para a contenção de gastos. Cônjuge, pais e filhos deverão ficar totalmente cientes e concordar com o plano. Receba sugestões e surpreenda-se com outras possibilidades de cortes de despesas e de novas fontes de receita que poderão ser apresentadas pelos seus familiares.

Segue uma sugestão de abordagem para que essa reunião seja frutífera e não termine em acusações mútuas, caça de culpados ou pancadaria. Veja este passo a passo:

- Objetivo da reunião: explique que o objetivo principal dessa reunião inicial é manter uma conversa franca sobre a situação financeira da família, cujas dívidas, se não pagas, podem comprometer o bem-estar de todos a longo prazo.
- Comprometimento: diga que precisa da ajuda de todos e que é preciso remarem juntos, na mesma direção, para poder superar os desafios que a família está enfrentando.
- Transparência na comunicação: fale da necessidade de serem sinceros e transparentes uns com os outros. Compartilhar planos, pontos fracos e preocupações vai permitir o trabalho em equipe para encontrar soluções.
- Planejamento: explique que é preciso criar um plano para conter gastos e identificar oportunidades de renda adicional. Essa missão não pode se tornar um fardo individual; é um esforço coletivo para garantir o futuro financeiro da família.
- Consumo: deixe claro que é hora de reavaliar hábitos. E que é preciso adotar um estilo de vida mais simples e cortar todos supérfluos que não contribuem para a qualidade de vida.
- Negociação com os credores: diga que a família precisa de um plano viável para mudar o perfil das dívidas, contemplando escalonamento, renegociação de prazos e taxas de juros. Nesse

plano, o ponto central é dar prioridade para o pagamento das dívidas mais caras e das que podem levar a protestos e interrupção de serviços, caso não pagas.

- Reserva financeira: explique que é imperioso estabelecer metas realistas para a construção de uma reserva, que protegerá toda a família de imprevistos e dará segurança para que esse ciclo de endividamento não se repita.
- Busca por fontes adicionais de renda: pontue que esse é um projeto de família e cada contribuição individual ajudará muito. Devemos pensar em tudo: de aulas particulares à venda de brigadeiros e bolos. Trabalhar como motorista por aplicativo seria viável?
- Construção do futuro: explique, com todas as letras, que é uma péssima ideia contar só com a aposentadoria do INSS para garantir um padrão de vida decente na aposentadoria. Só o INSS não será suficiente. É preciso aumentar a capacidade de investir, a fim de garantir um futuro financeiro estável. Isso pode envolver investimentos, educação financeira contínua e busca por oportunidades de crescimento profissional.
- Pedras no caminho: finalize a reunião com o máximo de transparência, explicando que a jornada não será fácil. Mas que, unida, a família será capaz de superar os desafios, enfrentar medos, aprender com os erros, crescer e navegar em direção a uma vida financeira mais próspera e estável.

Como você pôde perceber, essa é uma etapa difícil, mas muito necessária. Esforce-se para que aconteça.

Vamos agora falar sobre renegociação e repactuação de suas dívidas com bancos, operadoras de cartão de crédito e demais credores?

Renegociando dívidas: caminhos para um acordo com os credores

Procure seus credores e veja se eles estão dispostos a trabalhar com você para encontrar soluções viáveis. O que você não deve fazer é aceitar a primeira proposta de bate-pronto, que geralmente não inclui nenhum "perdão" significativo do principal, que foi inflado pelas altas taxas de juros que incidiram sobre sua dívida (lembre-se do Otavio Augusto).

Fique firme e explique que, considerando que a proposta não cabe no seu bolso, você talvez prefira voltar a negociar num próximo feirão de renegociação de dívidas. O que você tem que buscar é um abatimento significativo, uma redução drástica dos juros e um parcelamento que seja coerente com sua capacidade financeira atual.

É por isso que antes de falar com seus credores você deve ter pronto o seu novo orçamento doméstico, já com os cortes que provavelmente abriram espaço para você pagar o parcelamento pós-acordo. A pior coisa que pode acontecer é você fazer um acordo e depois descobrir que não pode pagar.

Caso não consiga um bom acordo com seu banco — como um novo empréstimo com juros mais baixos para quitar as dívidas antigas mais caras — procure uma *fintech*.

As fintechs costumam oferecer empréstimos com taxas de juros mais baixas em comparação com os bancos tradicionais, o que muitas vezes as tornam uma opção atraente para quem procura crédito. As fintechs estão capacitadas a oferecer juros mais baixos porque operam on-line e possuem uma estrutura de custos mais enxuta em comparação com os bancos tradicionais. Usando a tecnologia para automatizar processos, as fintechs conseguem operar com eficiência a custos mais baixos e são capazes de avaliar o risco de crédito de forma precisa, credenciando-se a praticar e oferecer juros mais baixos para clientes com menor risco de inadimplência.

- **Portabilidade**

Na sua busca por taxas de juros mais baixas e melhores condições de pagamento, vale a pena pesquisar as condições oferecidas por outros bancos e, se for vantajoso para você, solicitar a portabilidade da sua dívida.

A portabilidade de dívidas entre bancos é o ato de transferir uma dívida de um banco para outro. É um processo relativamente simples: o novo banco escolhido vai analisar o seu pedido de transferência, realizar os procedimentos necessários e, caso aprove, você vai passar a amortizar sua dívida de acordo com o novo combinado. Essa opção pode resultar em melhores condições de pagamento, mas é importante considerar eventuais custos associados à transferência, para ter certeza que a nova oferta seja vantajosa em comparação com a situação anterior. Como você sabe, não existe almoço grátis.

- **Consolidação de dívidas**

Também pode ser uma alternativa interessante caso ajude a reduzir os custos financeiros. A ideia é consolidar suas várias obrigações em um único empréstimo. Só faz sentido se você obtiver uma taxa de juros mais baixa.

- **Desenrola**

Você já deve ter ouvido falar no Desenrola, o Programa Emergencial de Renegociação de Dívidas de Pessoas Físicas Inadimplentes. Trata-se de um programa que visa incentivar a renegociação de dívidas de pessoas físicas inscritas em cadastros de inadimplentes, com o objetivo de reduzir o endividamento e ajudar na reestabilização da vida financeira das pessoas. Iniciado em 17 de julho de 2023, o programa oferece desnegativação de dívidas de até R$ 100,00 e oportunidades de renegociação para pessoas físicas com renda de até R$ 20 mil. Na primeira fase do programa, mais de 7 milhões de apontamentos de negativação foram removidos, de acordo com a ANBC (Associação Nacional dos Bureaus de Crédito).

Por meio do Desenrola, é bem possível que você consiga um acordo melhor do que conseguiria negociando diretamente com seu banco.

- **Feirões de negociação**

Esses eventos organizados pela Serasa Experian, um dos principais birôs de crédito do Brasil, têm por objetivo ajudar os consumidores a renegociar suas dívidas de forma acessível e facilitada. Os feirões são realizados periodicamente em diferentes cidades do país. Neles, os consumidores têm a oportunidade de negociar diretamente com os representantes das empresas credoras e encontrar soluções que se adequem às suas necessidades financeiras. Participam bancos, financeiras, operadoras de cartão de crédito, lojas varejistas, entre outros.

Nos feirões, as empresas credoras costumam oferecer condições especiais para a renegociação de dívidas. É a melhor maneira de obter descontos significativos no valor da dívida, exclusão de multas e encargos, redução de juros e parcelamentos facilitados. Outra vantagem importante é a possibilidade de regularizar a situação do seu CPF. Após a renegociação e o pagamento das dívidas em atraso, é possível solicitar a retirada do nome do consumidor dos órgãos de proteção ao crédito, como o Serasa e o SPC (Serviço de Proteção ao Crédito).

- **Inadimplência**

Em situações de crise financeira, como a perda de emprego ou emergência médica, por que um endividado daria preferência ao pagamento de uma dívida que não tem condições de pagar, se seu dinheiro só dá para suas necessidades básicas, como alimentação, moradia e saúde? Infelizmente, quando não se tem dinheiro, as coisas ficam mesmo difíceis, mas é muito melhor procurar negociar com os credores antes de se tornar inadimplente. As consequências da inadimplência podem ser desafiadoras, entre as quais uma diminuição drástica na pontuação de crédito (leia mais sobre o assunto, a seguir). E não é salutar se sujeitar a multas, taxas de atraso, juros de mora e custos legais que ocorrem quando uma dívida vai para cobrança judicial. Por isso, é fundamental negociar, aproveitar as facilidades do Desenrola e dos Feirões de Negociação. Renegociou sua dívida? Então adotar hábitos financeiros saudáveis, para evitar futuros problemas de endividamento, é pra ontem. Se ainda não o fez, comece a trabalhar com um orçamento detalhado, para poder controlar seus gastos e priorizar o pagamento de dívidas. Lembre-se mais uma vez: enfrentar o endividamento requer disciplina, comprometimento e paciência.

Nota de crédito: a importância de manter uma boa pontuação

Você sabia que uma nota de crédito alta pode ajudar você a fazer compras a prazo em condições mais vantajosas? E que uma nota de crédito baixa dificulta ou inviabiliza a obtenção de um empréstimo ou a aprovação de uma compra no comércio? E que, se você conseguir aprovação vai ser à custa de juros mais altos? Vamos explicar como funciona a pontuação de crédito e como é feito o seu cálculo.

A nota de crédito é uma pontuação calculada pelos birôs de crédito, geralmente medida numa escala de 0 a 1000. Leva em conta hábitos relacionados com compromissos de crédito e está ligada ao CPF ou CNPJ. Cada birô tem sua metodologia para calcular a nota de crédito, mas ela é sempre individual e pode ser obtida diretamente nos sites de cada birô. Uma nota de crédito na faixa entre 700 e 799 é considerada boa. Entre 800 e 1000, excelente. Quando a nota de crédito é baixa, ela indica uma maior chance de inadimplência. Quanto mais alta, menor é a percepção de risco por parte do credor e maiores são as chances de acesso a crédito em condições favoráveis. Por isso, é fundamental fazer o possível para mantê-la num patamar alto e, com isso, ampliar as chances de ter uma solicitação de crédito aprovada de forma mais rápida.

Quer conhecer sua nota de crédito? Basta acessar o site dos birôs de crédito:

Boa Vista: www.boavistaservicos.com.br

Quod: www.quod.com.br

Serasa Experian: https://empresas.serasaexperian.com.br

SPC Brasil: www.spcbrasil.org.br

TransUnion: www.transunion.com.br

Quer saber como aumentar sua nota de crédito? Eis algumas dicas:

1. Tenha contratos de serviços vinculados ao seu CPF: contas de água, energia, gás, telefone colocadas no seu nome contribuem para aumentar a nota de crédito. Ter um histórico de bom pagador de empréstimos contraídos no próprio CPF também é muito positivo.
2. Pontualidade nos pagamentos: procure sempre pagar o total da fatura do cartão de crédito no vencimento e evite usar o limite do cheque especial. Pagar com atraso ou só o rotativo penaliza a nota de crédito. Atrasar o pagamento dos parcelamentos de crédito renegociados arruínam sua nota.
3. Informações cadastrais atualizadas: atualizações espontâneas de dados cadastrais, tais como mudança de endereço, telefone ou faixa de renda, são bem percebidas pelo mercado e são benéficas para a nota de crédito.
4. Negativado: ao verificar que o CPF foi incluído em cadastro de restrições, deve-se renegociar o débito e quitar a dívida. Só assim o CPF sai do cadastro negativo, resultando em melhora da nota de crédito.
5. Manter-se no Cadastro Positivo: o Cadastro Positivo (CP) é uma base de dados gerenciada pelos birôs de crédito com informações sobre o histórico de pagamentos de pessoas físicas e jurídicas. Por meio do CP, é possível ver como você se comporta com relação a seus compromissos financeiros. Nesse banco de dados, há informações sobre pagamentos de cartão de crédito,

contas de água, energia elétrica, TV por assinatura e internet, entre outros. Com esse histórico de informações, é fácil identificar quem é bom pagador e quem não é. E com isso calcular a chamada nota de crédito. Como funciona? A cada CPF ou CNPJ é atribuída uma nota ou score de crédito, geralmente de 1 a 10. Quem tem nota alta, ou seja, o bom pagador, consegue ter seu crédito aprovado com mais agilidade e se empodera para negociar taxas mais baixas. Os benefícios de permanecer no banco de dados do Cadastro Positivo com dados atualizados são incontestáveis e um indicativo de transparência.

Lei do Superendividamento e mínimo existencial

O superendividamento é um problema crônico no Brasil, uma situação desafiadora que abala o tecido social e tem consequências dramáticas para pessoas, empresas, instituições financeiras e para a economia do país. Por isso, a chamada Lei do Superendividamento (Lei 14.181/2021, de 02/06/2021), é considerada um marco para tratar e prevenir o superendividamento no Brasil. O principal objetivo da lei é proteger as pessoas que assumiram dívidas em excesso e não têm condições de pagá-las sem comprometer suas necessidades básicas.

Partindo do pressuposto de que a pessoa em situação de superendividamento necessita de proteção especial, a lei busca garantir ao consumidor mecanismos de equalização e repactuação de suas dívidas por meio de planos de pagamento que preservem o direito dos credores e, ao mesmo tempo, possibilitem que o consumidor pague a totalidade de suas dívidas necessárias de consumo, exigíveis e vincendas, sem comprometer seu “mínimo existencial”.

O conceito de “mínimo existencial” não é uma novidade tupiniquim, ele existe nos principais países desenvolvidos. De modo geral, refere-se ao valor necessário para uma pessoa suprir suas necessidades básicas, como alimentação, moradia, água, luz e cuidados de saúde. Os valores e os critérios de determinação são específicos em cada nação. No caso da Inglaterra, por exemplo, o valor guarda dependência com diversos fatores, como a idade dos requerentes, se eles vivem sozinhos ou têm parceiro(a) e se têm filhos. Em Portugal, o chamado mínimo de subsistência também varia de acordo com o tamanho da família, o número de crianças e outras circunstâncias específicas. No

Brasil, ao contrário do que acontece nesses países, o mínimo existencial é um valor fixo. Atualmente é de R$ 600,00 (dezembro/2024).

Como se vê, a implementação da legislação de prevenção ao superendividamento representa um avanço significativo, pois permite uma negociação coletiva dos débitos de indivíduos com seus credores, promovendo uma abordagem mais justa e equitativa.

A seguir, vamos explorar como enfrentar situações desafiadoras, entre as quais aprender a dizer não de forma eficaz, e a atenção que se deve ter com ciladas e armadilhas financeiras.

CAPÍTULO 6

Proteja Seu Patrimônio Evitando Ciladas e Armadilhas

A arte de colocar limites: aprendendo a dizer não a amigos e parentes

Um dos maiores desafios quando se trata de gestão financeira não é apenas controlar os próprios gastos, mas também aprender a dizer não a amigos e parentes. A pressão emocional de ajudar o próximo pode ser intensa, e muitas vezes nos leva a tomar decisões que podem comprometer nossa própria estabilidade financeira. Como enfrentar esse desafio de forma eficaz?

- ***A importância do "não"***

Dizer não pode ser uma tarefa muito difícil, ainda mais em se tratando de pessoas próximas. A vontade de ajudar e o medo de decepcionar são sentimentos naturais. No entanto, é crucial entender que a prioridade deve ser a sua saúde financeira. Se você está constantemente emprestando dinheiro ou gastando além do que pode para ajudar os outros, pode estar colocando em risco não apenas sua própria segurança financeira mas a deles também.

- ***Histórias de perdas e lições aprendidas***

No decorrer de minha vida, observei casos de pessoas que, ao tentar ajudar amigos ou parentes, acabaram se afundando em dívidas. Vi amigos perderem economias de uma vida inteira, parentes comprometendo o futuro financeiro para apoiar causas ou pessoas que, infelizmente, não conseguiram retribuir ou mesmo agradecer. Essas histórias me ensinaram que a generosidade deve ser equilibrada com a responsabilidade.

Sabe como eu aprendi a dizer não? Vendo meu próprio pai perdendo muito dinheiro ao tentar ajudar outras pessoas. O Dr. Anatole Cirello foi o primeiro dentista a montar um consultório em Santo Amaro, bairro da zona sul de São Paulo. Isso foi em 1938, quando tinha apenas 21 anos. Curiosidade: o número de telefone do consultório era 12. Pois bem, o doutor era uma pessoa muito benquista na comunidade, tratava os dentes de quem podia pagar e de quem não podia. Uma vez por semana, ele pegava sua malinha de couro, repleta de boticões e instrumentos cirúrgicos, e ia para os bairros de Parelheiros, Marsilac e Cipó tratar dos dentes dos colonos. Dr. Anatole gostava de escrever sobre assuntos ligados à odontologia. Ele era um articulista regular no jornal *A Tribuna*, onde tinha uma coluna chamada "Assuntos Odontológicos", onde compartilhava seu conhecimento. O doutor gostava de ajudar as pessoas — e, como cirurgião-dentista, era reconhecidamente um grande profissional. Mas era muito ingênuo fora do consultório. Por exemplo, uma das primeiras bobagens que fez foi aceitar ser fiador do aluguel da casa de um amigo. Relutante a princípio, acabou aceitando (e claro que se deu mal, pois os problemas financeiros do amigo eram insolúveis e o aluguel sobrou para ele, como fiador). Em outra ocasião, o doutor aceitou quitar a dívida de um cliente que esperou terminar o tratamento dentário para só então dizer que não tinha dinheiro para pagar. "Mas quem sabe o doutor aceite um terreno em Peruíbe?" Sim, ele aceitou. Anos mais tarde, enchemos o tanque do seu Ford Vitoria 51 e fomos a Peruíbe tentar localizar o terreno e colocá-lo à venda. Perdemos a viagem. Depois de falar com alguns corretores da região, descobrimos onde ficava: num loteamento fracassado do lado oposto ao mar, depois da estrada, quase no sopé do morro. Não valia um tostão (fomos embora rapidinho, antes que os borrachudos nos devorassem). De forma análoga, para ajudar um conhecido que estava quebrado, papai comprou um terreno perto de onde seria construído o Aeroporto de Viracopos. Por minha insistência, fomos lá alguns anos depois. Claro que não achamos o terreno, resolvemos parar de pagar o IPTU e esquecemos o assunto. Agora, imaginem o quanto isso me ensinou. Ser avalista ou fiador de alguém? Nem pensar.

Também aprendi a dizer não ao ver outras pessoas, muito mais sábias do que eu, dizendo não com muita naturalidade. Acho que ainda não falei sobre isso, mas trabalhei em vários bancos. Fui *trainee* no Banco Lar-Chase, diretor do Banco Safra e vice-presidente do The Citibank Private Bank. Um aprendizado e tanto.

Banqueiro dificilmente perde dinheiro — e quando perde, abate o valor do prejuízo do imposto de renda. Conceder crédito, cercando-se de garantias sólidas, é uma arte.

Aprendi muito com os banqueiros da família Safra. Por mais de 10 anos, tive contato direto com o fundador do Banco Safra, o banqueiro Joseph Safra[(3)], já falecido. "Seu José", como ele gostava de ser chamado, ou simplesmente "José", era uma mente brilhante. Duro com alguns, extremamente generoso com outros, faleceu em 10 de dezembro de 2020, aos 82 anos. Banqueiro, empresário e filantropo libanês de origem síria, naturalizado brasileiro, ensinou muito a todos que trabalharam com ele. Era considerado o homem mais rico do Brasil, com uma fortuna estimada em US$ 23,3 bilhões em 2020. Hoje, sua viúva, Vicky Safra, ocupa a segunda posição entre os maiores bilionários brasileiros, superada apenas por Eduardo Saverin, ex-sócio de Mark Zuckerberg, fundador do Facebook.

Mas, voltando ao Seu José: sua mesa era a mais organizada e minimalista que você pode imaginar (sinônimo inquestionável de poder). Tinha apenas um porta canetas (Montblanc, claro), um bloco de papel apoiado numa base de couro, um telefone fixo e uma plaquinha de madeira antiga com um texto em inglês rudimentar. Estes eram os dizeres:

You ask credit, I no give. You angry.
You ask credit, I give. You don't pay, me angry.
Better you angry.

Essas palavras resumem a essência do crédito.

Reflita sobre elas, você precisa fazer igual! Você tem que aprender a dizer não! Meu pai não sabia dizer não, por isso perdeu um monte de dinheiro — e muitas vezes até os amigos que ajudou.

Emprestar dinheiro para amigos e parentes costuma ser uma faca de dois gumes, pois envolve não só aspectos financeiros mas também relacionamentos interpessoais. Entretanto, recusar um pedido de empréstimo pode ser desafiador, pois em geral quem pede já está enfrentando dificuldades financeiras.

É um assunto muito delicado. Quando você empresta dinheiro para alguém próximo, imediatamente está assumindo o risco de não receber seu dinheiro de volta. Isso pode causar desconforto, ressentimentos e prejudicar relacionamentos e amizades. Sabe o que mais? Às vezes é melhor dar o dinheiro sem esperar retorno, assumindo o prejuízo no ato (o que pode até deixar a pessoa sem jeito de pedir um novo empréstimo mais adiante).

Sabendo disso tudo, se alguém lhe pedir dinheiro emprestado ou pedir para você ser fiador, a resposta deve ser um sonoro NÃO. Seja direto e transparente. Diga NÃO e tenha pronta uma argumentação para justificar sua postura. Se você é um executivo ou trabalha como CLT em uma empresa, explique que as políticas de *compliance* da empresa o impedem de conceder aval ou fiança. Caso não possa usar esse argumento, comunique suas razões e destaque suas próprias limitações financeiras, explicando o impacto em suas finanças caso o empréstimo não seja devolvido. Lembre-se da lição de "Seu José": se alguém tiver que ficar chateado, que seja aquele que está pedindo.

No entanto, você pode oferecer ajuda sugerindo alternativas, como uma fiança bancária ou aconselhamento financeiro profissional. Essa abordagem pode ajudar a despersonalizar a situação e evitar possíveis complicações nas relações pessoais. E lembre-se sempre: seja qual for a situação de saia justa a enfrentar, nunca empreste seu cartão de crédito ou débito para um amigo ou familiar, pois as chances de você se complicar são enormes.

Para encerrar, conheça a sugestão de George S. Clason[(4)] feita em seu livro *O Homem Mais Rico da Babilônia*. "Se você deseja ajudar um amigo, faça-o, mas de modo que os fardos dele não sejam colocados sobre os seus ombros".

17 exemplos de más condutas e armadilhas que podem comprometer seu futuro

Na minha visão, há três coisas que acabam com a vida de qualquer pessoa: jogos de azar, bebida e vício em drogas. Todos criam uma dependência difícil de ser vencida, levando as pessoas a gastarem tudo o que têm e a acumularem dívidas. Os impactos costumam ser devastadores, tanto os emocionais como os financeiros.

Mas, pensando mais pelo lado financeiro, há muitas coisas que também destroem a vida das pessoas. Estou falando de fraudes financeiras e de uma série de decisões equivocadas que as pessoas tomam na gestão dos seus investimentos. Vamos a alguns exemplos e sugestões para que você possa tomar decisões mais conscientes.

1. **Fraudes financeiras:** não acredite em investimentos que oferecem promessas de altos retornos, incompatíveis com os pagos pelos bancos. Só cai em esquemas, pirâmides ou golpes financeiros quem é ganancioso e se acha muito esperto. Creia: o golpista é mais esperto.
2. **Investimentos:** com exceção dos investimentos garantidos pelo governo ou pelo FGC (Fundo Garantidor de Crédito) não aplique seu dinheiro numa única modalidade de investimento ou setor. Se der ruim nesse investimento específico, as perdas podem ser irrecuperáveis. Em tempo: vamos explicar o que é FGC — e como funciona — mais à frente.
3. **Fonte de renda**: ter mais de uma fonte de renda é essencial para garantir segurança financeira em tempos de crise. Coloque como meta investir em ativos que geram renda passiva, como aluguéis e dividendos.
4. **Reserva de emergência:** não ter um fundo para emergências é uma péssima ideia. Em caso de perda de emprego ou problema de saúde — ou quando algo fora do planejado acontece — pode ser que você precise se endividar e pagar juros altos.
5. **Gastos:** de nada adianta aumentar sua renda se você gastar de forma indisciplinada. Ganhar mais dinheiro não resolverá seus problemas se você continuar usando o cartão de crédito para pagar luxos e supérfluos. Cartão não é dinheiro, é meio de pagamento.
6. **Status social:** quando implica em gastos que você não pode bancar, é um atalho certeiro para se endividar. Para poder gastar muito, você vai ter que trabalhar muito e ganhar muito. Inverter essa ordem costuma dar errado.
7. **Empreendedorismo:** pense bem antes de abrir um negócio. Não invista em atividades que não conhece. Algumas só dão certo quando tocadas por quem é do ramo. Se você for bom naquilo que deseja fazer e puder se diferenciar da concorrência, vá em frente.

8. **Franquia:** vale aqui o que foi dito anteriormente. Conselho de amigo: jamais invista numa franquia para ajudar um parente. Se a pessoa não tiver mentalidade de crescimento, as coisas podem complicar. Pode acontecer de o negócio fechar, com as dívidas ficando para você. Vamos falar de franquias, com mais detalhes, mais à frente.
9. **Aval ou fiança:** ao conceder, você assume a responsabilidade por dívidas que não são suas. Se a outra pessoa não pagar, você pode ser obrigado a arcar com o valor total. Quer evitar problemas futuros? Não assuma essa responsabilidade, diga não.
10. **Cartão de crédito:** não compre nada sem ter certeza de que poderá pagar a fatura de modo integral. Não seja escravizado pelo rotativo do cartão. Alguém já disse com muita propriedade: controle seu cartão, senão é ele que vai controlar você.
11. **Inflação:** ignorar a inflação e seu efeito no poder de compra é uma roubada. Não guarde dinheiro embaixo do colchão ou no cofre de sua casa. Invista apenas em aplicações financeiras seguras. Dinheiro parado ou mal aplicado vira pó ao ser corroído pela inflação.
12. **Dólar:** o ano de 2024 aqui no Brasil foi o ano do dólar. A moeda americana se valorizou mais de 25% no ano. Mas, tenha em mente que, como toda moeda, o dólar perde valor ao longo do tempo. Quando a inflação americana era baixa, o prejuízo até que era menor, a diminuição do valor de compra do dólar quase não era percebida. Outra coisa: difícil especular com o dólar. Ao comprar, você paga pela taxa de venda. Ao se desfazer, recebe pela taxa de compra. Compre para usar em viagens.
13. **Seguro-saúde:** não negligencie a importância de um plano de saúde. Um evento inesperado, uma doença grave ou a necessidade de um tratamento caro podem trazer uma avalanche de despesas que, cobertas pelo plano, não vão afetar você.
14. **Aposentadoria:** não subestime as despesas na aposentadoria. Acreditar que a previdência oficial ou um modesto plano de previdência será suficiente para viver bem no futuro é como acreditar em Papai Noel. Comece a poupar cedo, pois o custo de vida na aposentadoria é maior do que o esperado, especialmente com gastos ligados à saúde.

15. **Educação financeira:** não negligencie sua importância. Aprender a lidar com dinheiro, investimentos, ou planejamento financeiro vai evitar que você cometa erros, evitando que tome decisões impulsivas ou equivocadas.
16. **Dívidas:** não assuma dívidas sem planejamento. Entrar em financiamentos ou empréstimos sem considerar sua capacidade de pagar as parcelas a longo prazo é uma grande roubada. Quando há um acúmulo de dívidas, os juros altos assumem o controle de sua vida.
17. **Orçamento:** não viva sem ele. É fundamental ter um controle eficaz sobre quanto você ganha e gasta. Sem um orçamento, você perde a noção de onde está indo o dinheiro. Gastar como se não houvesse amanhã, achando que o dinheiro não vai acabar nunca é o caminho certeiro para acabar como o Jorginho Guinle, o Dudu da Loteca e outras pessoas "quebradas", cujas histórias você vai conhecer mais à frente.

Fuja das armadilhas financeiras: evite apostas e produtos de má qualidade

Agora, preste atenção no que vem a seguir. Não é só a ajuda desastrosa a amigos e parentes que pode complicar sua vida financeira. Existem produtos e serviços que são verdadeiras armadilhas, prontos para levar seu dinheiro sem oferecer recompensa minimamente justa.

Alguém já disse que a vida é feita de escolhas. Então, não escolha nenhum dos produtos péssimos que listaremos a seguir. Todos vão dar prejuízo a você e complicar sua vida.

Para quem me pergunta qual é o pior entre consórcio, títulos de capitalização e produtos do tipo Baú da Felicidade, sempre fico na dúvida. Francamente, não sei qual é o pior. Vou falar um pouco sobre cada um deles e depois você pode me ajudar a eleger o pior. Na sequência, quero ter uma conversa séria com você sobre os sites de apostas, a febre das "bets".

• *Consórcio*

A perspectiva de adquirir um bem sem pagar juros pode parecer tentadora, mas as taxas administrativas e a incerteza de quando você será contemplado tornam a opção pelo consórcio um tanto quanto desvantajosa. Não caia no conto da sereia do vendedor de consórcio! Diga um sonoro NÃO quando lhe oferecerem consórcio como "investimento". A argumentação é sempre a mesma: que o consórcio vai ajudar você a comprar um carro novo sem pagar juros. Não é bem isso. O "pseudoinvestimento" funciona assim: você começa a pagar uma parcela mensal (em geral de valor mais baixo do que um financiamento bancário) e fica imediatamente habilitado a concorrer aos sorteios mensais. Se for contemplado, já leva o carro, não precisa esperar até o final do plano como os demais participantes. Parece ótimo, né? O que ninguém fala abertamente é que: (i) além das parcelas, você paga uma taxa de administração salgada, que pode variar entre 15 e 20% do valor total da carta de consórcio; (ii) e que você vai pagar também uma série de taxas no ato da contratação. Na minha visão, um péssimo negócio, ainda mais se você ficar sem dinheiro para pagar as parcelas mensais ou frustrado pela longa espera de um carro que não chega nunca. Até que um dia você decide que não quer mais pagar e pede o seu dinheiro de volta. É nessa hora que você percebe que se ferrou, pois vai ter que escolher uma entre três alternativas muito ruins. Primeira: interromper o pagamento das parcelas mensais e esperar o encerramento do seu grupo, quando então receberá o que pagou. Isso pode demorar. Segunda: cancelar o consórcio e pedir imediatamente o seu dinheiro de volta. Não vai ser bom para você, vão descontar alguma coisa dos valores pagos a título de custos administrativos etc. Terceira: você pode revender a sua carta de crédito a terceiros. É possível, mas a que preço? Inclua-se fora disso.

- ***Títulos de capitalização***

Vendidos como uma forma de poupança, esses produtos são, na verdade, uma espécie de loteria com baixíssimo rendimento. Seu dinheiro fica preso e o retorno é geralmente insignificante. Não raro, o título de capitalização é vendido (enganosamente) como uma alternativa à poupança, uma mentira deslavada. Pior, muitas vezes ele é vendido como condição para facilitar a concessão de um empréstimo. Como funciona? O título de capitalização é uma operação na qual você paga um valor mensal que lhe dará direito a concorrer a sorteios quinzenais, mensais e anuais durante o período do contrato. No final você recebe de volta o que pagou, sem juros e sem correção da inflação. No modelo popular, o titular recebe de volta apenas parte do valor pago à instituição. Agora me diga: onde já se viu um produto de investimento que não rende juros? Portanto, título de capitalização é jogo de azar, é sorteio — não é investimento.

A grande verdade é que o Brasil se transformou num grande cassino e o título de capitalização se soma a outros produtos legalizados que sorvem o dinheiro justamente de quem não pode pagar. É triste constatar, mas o apostador não faz ideia de quão baixas são suas chances de ganhar na Loteria Federal, Estadual, Mega-Sena, Quina e demais sorteios realizados pela Caixa Econômica Federal. Mas está no sangue do brasileiro, a galera vai continuar jogando, inclusive no jogo do bicho, nos bingos e nos cassinos (hoje) clandestinos.

- ***Produtos tipo Baú da Felicidade***

Produtos como esses prometem prêmios e recompensas que raramente compensam o valor gasto. É um modelo de negócio que se sustenta na ilusão e na esperança infundada de ganho fácil. O participante paga uma parcela mensal para ter o direito de participar de sorteios mensais e a garantia de receber produtos no final.

Eu acho esses produtos muito ruins, que acabam desviando do orçamento do consumidor de baixa renda valores que seriam importantes para garantir uma renda no futuro. Nenhum deles beneficia o usuário com a capitalização dos juros. Tenho um exemplo concreto para contar: desde que o Baú foi fundado, em 1958, a Dona Rosa, uma senhora que trabalhava como cozinheira na casa de minha mãe, não perdia nunca o Programa Silvio Santos. Ela se fascinava com o Silvio, com as brincadeiras e os sorteios do programa e desde logo começou a pagar o carnê do Baú da Felicidade. No final de cada ano, ela ia a uma das lojas do Baú no Largo 13 de Maio, em Santo Amaro, retirava e voltava para casa com um monte de produtos inúteis, que acabava não utilizando e doando para as amigas da sua igreja. Dona Rosa pagou os carnês religiosamente durante 40 anos, até ficar doente. Precisou ser internada e depois de muito sofrimento foi transferida para uma casa de repouso na periferia, onde faleceu. Para surpresa de ninguém, ela não tinha nenhum tostão no banco. Com isso, meus pais tiveram que assumir todos os custos.

Cabe a pergunta: como seria a situação financeira da Dona Rosa se ela tivesse investido o que pagava ao Baú a juros de 0,5% ao mês após 40 anos? Ela pagava o correspondente a US$ 4,00 por mês. Parece pouco, né? Ledo engano.

Saiba que o valor futuro de um investimento de US$ 4,00 mensais durante 40 anos, a uma taxa de juros compostos de 0,5% ao mês, é de aproximadamente US$ 26,208.18. Ou seja, estamos falando de mais de R$ 160.000,00 em valores de hoje (dezembro/2024), o que permitiria que Dona Rosa deixasse um belo legado para o Hospital do Câncer ou outra instituição beneficente.

Esses são apenas alguns exemplos de produtos financeiros que devem ser evitados. Todos têm algo em comum: prometem mais do que podem entregar e acabam drenando seu dinheiro.

- ***Cassinos e sites de apostas***

Você já foi a um cassino? Seja em Punta del Este, Aruba, Mônaco ou Las Vegas, histórias alegres e deprimentes andam sempre juntas. Se me permite, vou falar aqui apenas sobre as deprimentes, que são sempre muito semelhantes.

Em Las Vegas, em particular, onde estive para renovar os votos de 25 anos de casamento (casei de novo na Little White Chapel, aquela capelinha que aparece sempre nos filmes de Hollywood), e aproveitei para assistir vários musicais, shows de mágica e espetáculos do Cirque du Soleil. E claro, visitei os melhores cassinos para jogar nas roletas e caça-níqueis (e ver de perto o que o dinheiro pode construir, como o show de luzes e águas do Hotel Cassino Bellagio, a réplica da Torre Eiffel no Hotel Paris, bem como o céu azul e as gôndolas do cassino Venetian, em plena noite).

Mesmo em meio à toda suntuosidade e riqueza (e também cafonice) não pude deixar de reparar nas cenas deprimentes e comuns a todos os cassinos que visitei: não importa se é dia ou se é noite, a todo instante você se depara com grupos de idosos com nítido sobrepeso desembarcando de vans e ônibus de turismo — vindos de todas as partes dos Estados Unidos — e entrando sorridentes nos cassinos, para rapidamente disputar espaços e se aboletar nas cadeiras estrategicamente colocadas defronte dos caça-níqueis. Não há cena mais grotesca e depressiva. Como não há luz natural nos ambientes dos cassinos, os velhinhos perdem a noção do tempo, não sabem se é dia ou noite — e só saem da frente das máquinas para beber, comer ou aliviar suas urgências fisiológicas, se é que me entende.

Mas há um detalhe digno de nota. Antigamente o ambiente dos caça-níqueis até que era festivo, com as moedas tilintando quando alguém fazia *jackpot*. Hoje não, é tudo eletrônico, não tem graça nenhuma. É a mesma sensação das apostas on-line. Mas, em Las Vegas, pelo menos as pessoas comem e bebem à vontade. Não falta bacon, ovos, hashbrown, panquecas, waffles e maple syrup nos espaços "All You Can Eat" — tudo a preço subsidiado. Centenas de pessoas obesas circulam nesses locais, muitas em cadeiras de rodas, comendo e bebendo como se não houvesse amanhã. Muitos são candidatos a pacientes do doutor Younan Nowzaradan, mais conhecido como Dr. Now, o cirurgião bariátrico iraniano, naturalizado norte-americano, que apresenta na TV aberta o reality show *Quilos Mortais*. Não estou brincando, é muita gente obesa e sem noção.

Dá muita pena. Assim como dá pena ver o quanto há de viciados nos jogos de apostas on-line. Só que aqui no Brasil, ao contrário de Las Vegas — onde as cenas deprimentes estão à vista de todos — as pessoas estão invisíveis, cada uma no seu cafofo. Mas isso não esconde a dura realidade: muitos não estão conseguindo controlar seus hábitos de jogo e começam a ter sérios problemas, com impactos extremamente negativos na vida pessoal, financeira e emocional.

Não é segredo para ninguém que qualquer jogo é arriscado por natureza, mas a publicidade agressiva feita pelos sites de apostas na televisão em todos os horários — e, pior, estimulada por famosos e influencers — tende a normalizar o jogo e a torná-lo aceitável socialmente, o que pode ser um desastre para muita gente, particularmente para os mais jovens.

Há um dado alarmante circulando na imprensa e nas redes sociais. Matéria do respeitado site Infomoney, publicada on-line em 20/09/2024, revela o lado obscuro e preocupante das casas de apostas, conhecidas pelo termo em inglês “bets”. Liberadas no Brasil desde 2018, as apostas esportivas on-line criaram um mercado bilionário no país por meio de uma presença em massa nas TVs e redes sociais. O avanço das “bets” preocupa tanto pelo estrago que faz na vida das pessoas quanto pelos reflexos negativos no consumo de outros bens e serviços.

Nessas plataformas on-line, os usuários podem apostar dinheiro em eventos esportivos, jogos de cassino, corridas de cavalos e uma variedade de outros eventos. Tudo é muito simples e fácil: basta se registrar num dos sites de apostas, criar uma conta e depositar dinheiro, podendo usar uma variedade de métodos de pagamento, como o PIX. Pronto. A partir de então, começa a diversão. Basta selecionar o evento, o tipo de aposta que se deseja fazer e o valor que se quer apostar. Ao término do evento, as apostas são liquidadas. Se o usuário ganhar, o valor do pagamento é adicionado à sua conta. Se perder, o valor da aposta é deduzido.

A propaganda das chamadas “bets” fala muito das oportunidades para ganhar dinheiro, mas evita destacar o quanto as pessoas podem perder. O fato é que o dinheiro gasto nas “bets” tem causado graves problemas para os apostadores e suas famílias, como dependência, endividamento e transtornos emocionais.

Um levantamento feito pelo Banco Itaú, em junho de 2024, mostrou que os apostadores brasileiros perderam cerca de 24 bilhões de reais em apostas esportivas entre junho de 2023 e junho de 2024, com impacto principalmente sobre os mais pobres. É um dado preocupante, ainda mais quando se sabe que as bets estão tirando dinheiro da economia real.

Está mais do que provado que os brasileiros estão direcionando para apostas uma parte significativa do dinheiro antes reservado para gastos familiares e consumo.

Pesquisa realizada em maio de 2024, pela Sociedade Brasileira de Varejo e Consumo, mostrou que 63% dos entrevistados tiveram parte de sua renda principal comprometida pelas apostas, sendo que 23% deixaram de comprar roupas, 19% diminuíram drasticamente suas compras em supermercados e 11% deixaram de pagar contas.

Uma outra pesquisa, feita pela Federação do Comércio de Bens, Serviços e Turismo do Estado de São Paulo (Fecomércio-SP) em julho de 2024, mostrou que 41% dos entrevistados direcionaram para as bets o dinheiro antes usado para outros tipos de entretenimento. O problema é que 20% dos entrevistados admitiram que usaram, para apostar, o dinheiro que iria para o pagamento de contas!

Outra pesquisa, feita pelo Instituto Locomotiva no início de agosto de 2024, mostra uma face cruel das bets: 79% dos apostadores entrevistados são das classes C, D e E, sendo 86% de gente com dívidas e 64% com o nome negativado. São pessoas que, infelizmente, enxergam as bets como uma alternativa para pagar dívidas e obter retorno financeiro, o que, em bom português, é uma tremenda burrice.

Nessa mesma matéria da Infomoney, de 20/09/2024, há um depoimento chocante de uma pessoa de nome Diego, que alega estar atolado em dívidas por ter perdido R$ 50 mil em apostas. Diego, que pediu à reportagem para não ter seu sobrenome revelado, conta que foi "apresentado" às apostas esportivas em 2021, por um amigo. Por não acompanhar os esportes passou para os cassinos on-line, os chamados slots. Palavras dele: "Ganhava muito dinheiro, um dinheiro que nunca tinha visto, mas aí comecei a não ganhar mais. Perdi todo o dinheiro que ganhei na roleta. Aí comecei a usar meu salário, sempre na expectativa de repetir meus ganhos anteriores. Entrava dinheiro, eu perdia na roleta. Quando ganhava, não conseguia parar e continuava a apostar até zerar. Nisso fui atrasando aluguel, contas básicas, cartão de crédito", lembra.

Diego, em seu relato, disse que fez um empréstimo consignado para pagar as dívidas, mas continuou apostando. Usou o FGTS, perdeu todo o dinheiro das férias em um único dia. Parou quando sua esposa descobriu, mas chegou a ter uma recaída. Faz psicoterapia, participa de reuniões dos Jogadores Anônimos e toma remédios. "Hoje eu sei que se entrar apenas uma vez, não vou conseguir mais parar de jogar até ficar zerado novamente", diz. "Praticamente parei de viver. Não passeava, não comprava roupas, não viajava. O que mais me afetou foi a falta de dinheiro e o desvio de caráter. Você mente, esconde. Esse vício é a pior coisa que tem", afirma.

Se você pensa que os problemas são só esses, engana-se. Há uma genuína preocupação com a corrupção e a manipulação de resultados em eventos esportivos, o que pode minar a integridade do esporte.

Outro aspecto a considerar diz respeito à segurança e à privacidade das informações pessoais e financeiras que os usuários fornecem aos sites de apostas. Como controlar o que vai ser feito com elas? Um baita risco, sobre o qual o apostador não tem nenhum controle.

Melhor conselho que você pode receber: encontre outra forma de entretenimento recreativo. Que tal um pôquer na sua casa com seus amigos, com cacife acessível a todos?

- ***Fique atento à ação dos golpistas***

Para finalizar esse bloco, vamos falar de prevenção a golpes. Como se não bastasse se viciar em bets e pagar juros altos, tem gente que perde muito dinheiro em golpes financeiros. Golpista é o que não falta no Brasil e no mundo. E vamos combinar, os caras são muito criativos. Há fraudes e golpes financeiros para todos os gostos e bolsos. Cair em golpes financeiros, esquemas de pirâmide ou ser vítima de fraudes on-line só tem um resultado: perda total de dinheiro.

Mas, aqui entre nós. Será que as pessoas não aprendem? Todos os dias a mídia divulga operações da Polícia Federal prendendo vigaristas que prometem estratégias vencedoras para obter ganhos fabulosos. Uma das mais comuns é o esquema Ponzi, um tipo de fraude financeira que envolve o pagamento de retornos aos investidores usando o dinheiro dos novos investidores que vão entrando. O nome do esquema, Ponzi, é uma "homenagem" a Charles Ponzi, golpista ítalo-americano que se tornou famoso por operá-lo nos Estados Unidos na década de 1920. No esquema Ponzi, o fraudador promete ganhos altos e rápidos aos investidores, geralmente muito superiores aos retornos disponíveis nos investimentos financeiros tradicionais. Os primeiros investidores podem de fato receber os retornos prometidos, o que incentiva mais pessoas a investir. No entanto, em vez de aplicar o dinheiro em investimentos legítimos a fim de gerar lucros reais, o operador do esquema usa parte do dinheiro dos novos investidores para pagar os retornos aos investidores anteriores. Mas, quando não há mais novos investidores suficientes para pagar os retornos prometidos, o esquema entra em colapso e os investidores perdem seu dinheiro.

Seria quase impossível detalhar aqui neste espaço todos os tipos de golpes, armadilhas e ciladas financeiras que nos ameaçam todos os dias. Mas, vale a pena comentar mais alguns.

- ***Golpe do investimento em criptomoedas***

É realmente impressionante a criatividade dos vigaristas e o quanto eles são bem sucedidos em enganar gente incauta ou ambiciosa. Você já deve ter ouvido falar do "faraó dos bitcoins", um golpista que enganou centenas de investidores em criptomoedas. Preso pela Polícia Federal, Glaidson Acácio dos Santos fez de tudo um pouco antes de montar sua empresa milionária: tentou ser missionário da Igreja Universal, trabalhou como garçom num badalado restaurante em Búzios, até finalmente abrir sua primeira empresa em 2015, em Cabo Frio. Apenas seis anos depois, já era dono de quatro empresas que, juntas, tinham mais de R$ 136 milhões em capital social. Glaidson foi preso por operar um milionário esquema de pirâmide financeira. Ele prometia rendimentos de até 10% ao mês nos investimentos em criptomoedas. Ocorre que a empresa simplesmente não investia em bitcoins, sendo que os rendimentos eram pagos aos clientes com o capital de outras pessoas que chegavam, atraídas pela possibilidade de ganhos robustos. Claro que, como toda pirâmide financeira, um dia a coisa desandou — e quem investiu ficou a ver navios. Nem vou mais comentar, pura picaretagem. Acreditar em promessas de ganhos fabulosos são um caminho certo para o desastre financeiro.

- ***Fake News: propagação de notícias falsas com o uso de Inteligência Artificial***

A inteligência artificial (IA) oferece benefícios significativos, como geração de conteúdo, automação de tarefas repetitivas, melhoria na análise de dados e personalização de serviços. No entanto, a IA também apresenta riscos, especialmente na propagação de fake news, pois pode criar e disseminar informações falsas de maneira rápida e convincente, dificultando a distinção entre fatos e desinformação. É crucial desenvolver mecanismos de verificação para mitigar esses riscos, especialmente quando informações fraudulentas incentivam ações que podem levar ao fornecimento de dados pessoais a fontes não confiáveis, resultando em golpes e perdas financeiras. Com o avanço da IA é possível recriar a voz de pessoas, trocar o rosto em vídeos e sincronizar movimentos labiais e expressões.

Em maio de 2024, por exemplo, viralizou nas redes sociais e no WhatsApp uma fake news sobre uma suposta condenação do governo federal à empresa Serasa Experian. No falso vídeo, o falso apresentador do Jornal Nacional informava sobre uma severa punição aplicada pelo Governo à Serasa por conta de um suposto vazamento de dados ocorrido em 2021. A parte falsa é que, segundo ele, as pessoas que tiveram seus dados vazados teriam direito a indenizações individuais no valor de R$ 30 mil. Para receber, bastava clicar num link. Pronto, estava concretizado o golpe.

Em outro caso de grande repercussão, uma advogada de São Paulo recebeu uma chamada de vídeo da filha pedindo uma transferência via PIX no valor de R$ 600,00. Os golpistas usaram uma foto do WhatsApp da moça e fizeram o vídeo usando IA, difícil de desconfiar se a advogada não estivesse atenta. Ela notou que na chamada de vídeo sua filha estava com uma blusa diferente da que havia saído de casa. E mais, a conta para a qual o dinheiro deveria ser transferido seria de uma suposta amiga da filha e não dela própria. Por sorte, a filha, no falso vídeo, não havia se referido à mãe pelo apelido carinhoso que as duas comumente usavam. Nesse caso, o golpista dançou. Concluindo: inútil tentar elencar aqui todos os golpes já conhecidos, pois a criatividade dos golpistas não tem limites. Por isso, a recomendação é que você desconfie de qualquer pedido de dinheiro por chamada de vídeo, telefone, WhatsApp ou rede social. Institua um código entre seus familiares, pedindo uma confirmação de dados dos quais só vocês tenham conhecimento. Exemplos: apelido de infância, nome do primeiro carro ou pet etc.

- ***Páginas e anúncios falsos na internet***

Na internet, os golpistas se multiplicam em progressão geométrica, feito gafanhotos, com uma criatividade sempre surpreendente. Tomar decisões de compra levando em consideração o “incrivelmente baixo” preço de um produto pode levar você a sites falsos de empresas, conhecidas ou não. Você paga e não recebe nunca — e ainda fornece seus dados pessoais e os do seu cartão de crédito. Todo cuidado é pouco, as páginas são praticamente iguais às verdadeiras, mas geralmente não têm o cadeado indicando que o site é seguro. Lembre-se sempre da sabedoria popular: "Quando a esmola é muita, o santo desconfia". "Não existe negócio da China". "Não existe almoço grátis". Isso é particularmente verdadeiro no comércio de automóveis. Muito cuidado, procure comprar seu carro em lojas físicas que ofereçam garantia. Mas, se for atrás de um carro oferecido por particular, marque um encontro em lugar movimentado, como o estacionamento de um shopping ou supermercado. Optar por olhar o carro no endereço do vendedor pode ser uma grande roubada, literalmente. Há inúmeros casos de sequestro, com os meliantes mantendo as vítimas em cativeiro enquanto detonam suas contas fazendo um monte de PIX. E se o preço do carro for muito inferior ao mercado, não se dê ao trabalho de sair de casa. É roubada.

- ***Golpe pelo telefone I: Ai, meu filho!***

É incrível como o golpe do falso sequestro de um filho continua apavorando as pessoas. Os caras são muito bons, por isso muita gente instruída ainda cai. Não há uma dica infalível para não cair, mas esta me parece boa. Se, por exemplo, o meliante disser que está com sua filha você pergunta se é a filha Maria Cláudia (detalhe: sua filha chama-se Carol). Na hora, o cara vai dizer que sim — e você desliga o telefone na cara dele. Você escapou do golpe, mas vai ficar anos levando susto sempre que o telefone tocar. Uma baita sacanagem desses desqualificados.

- ***Golpe pelo telefone II: Oi tia, aqui é seu sobrinho predileto!***

O golpista liga para sua casa e diz que é o seu sobrinho mais querido. Aí você pergunta: "Afonsinho"? Pronto, caiu no golpe. Na sequência ele diz que é o Afonsinho, e que está meio rouco, que bateu o carro, que está em apuros, que precisa pagar o cara pelo prejuízo, que está sem dinheiro na conta, que por favor você faça uma PIX direto na conta do cara. Quem vai negar dinheiro para o sobrinho predileto? Dica para não cair: não diga o nome verdadeiro de nenhum sobrinho. Diga "Wanderson" e quando ele concordar, desligue na lata, pois você não tem nenhum sobrinho Wanderson.

- ***Golpe do falso presente no dia do aniversário***

O golpista liga para a pessoa no dia de seu aniversário. Diz que trabalha na Floricultura Cravos e Rosas e que tem umas flores para entregar, cortesia de um amigo da aniversariante. E que só entrega pessoalmente, não tem custo. Mas, de acordo com as normas da empresa, para comprovar que as flores foram de fato entregues, precisa tirar uma selfie com a aniversariante. Pronto, já captou a imagem da vítima, foto que vai ser usada para reconhecimento facial na abertura de conta ou financiamento em banco digital. Não caia nessa, por favor.

Aprendendo com os erros dos outros: evite os mesmos deslizes

Agora preste muita atenção para alguns riscos que devem ser evitados a qualquer custo para não comprometer sua estabilidade financeira. ***Vamos aprender com as experiências de terceiros para saber tudo o que você não deve fazer.***

Acompanhe-me nessa leitura e nessa autêntica volta ao passado. Conheça histórias de pessoas que não souberam lidar com o dinheiro e que acabaram atoladas em dívidas. São narrativas baseadas em fatos reais, de domínio público, de gente que se deu muito mal por falta de discernimento e educação financeira.

Jesus Silva da Fonseca

Você já ouviu falar de um brasileiro que ganhou uma fortuna na Loteria Federal e gastou tudo em menos de um ano? Foi o que aconteceu com Jesus Silva da Fonseca, vendedor de bilhetes de loteria na cidade de Macapá, capital e maior cidade do estado do Amapá.

Um dia, mais precisamente em 13/02/1983, ele vendeu quase todo o lote de bilhetes, menos um. Mas a chateação por ter micado com o bilhete durou pouco, só até o dia seguinte: o bilhete foi premiado e ele ganhou, em dinheiro de hoje, cerca de R$ 2 milhões. Consta que ele imediatamente caiu na gandaia e gastou tudo em poucos meses. Brigado com a mulher e com tanto dinheiro à disposição, rapidamente se tornou o rei do cabaré de prostituição da cidade, onde era saudado como milionário.

Jesus Silva da Fonseca era um cara divertido, mas também um baita maluco. Em vez de aplicar o dinheiro no mercado financeiro, em imóveis ou no comércio, sacou praticamente todo o dinheiro do banco e levou a grana para casa em três grandes caixas de papelão.

Longe dos olhos do gerente do banco (que vivia tentando convencê-lo a investir e controlar seus gastos), Jesus não se cansou de promover festas e gastar com mulheres. Sempre pagando em dinheiro. Pasmem: chegou a fretar um avião para levar suas garotas de programa preferidas para passear em Belém, onde as patrocinou por seis meses. Depois disso, fretou outro avião para levá-las de volta a Macapá, voltando a cair na farra em cidades como Fortaleza, Rio de Janeiro e Florianópolis.

Quando o dinheiro que estava nas caixas de papelão acabou, ele voltou ao banco para retirar o que sobrara, mas aí já era tarde demais. "Só restava um pouquinho", nas suas próprias palavras.

Ao ser perguntado do que se arrepende, ele é taxativo: "De tudo. Hoje, ao olhar as lojas do comércio de Macapá, sei que poderia ser dono de várias delas. Na época me aconselharam, mas eu não quis ouvir. Também me arrependo de não ter dado uma vida melhor ao meu filho Jean Cardoso, que morreu em 2011, aos 18 anos, de pancreatite."

Hoje, com mais de 70 anos e a saúde debilitada, Jesus é apenas uma sombra do milionário do cabaré. Quem não conhece sua história, jamais imaginaria que ele foi um dia um ganhador da Loteria Federal. Ainda trabalha vendendo bilhetes, na esperança de repetir a dose. Até agora, sem sucesso.

Dudu da Loteca

Quer outro exemplo emblemático de gente que não foi capaz de administrar bem o dinheiro? É o caso de Eduardo Varela, o Dudu da Loteca, um cara que ficou milionário da noite para o dia, ao fazer 13 pontos na Loteria Esportiva.

Em abril de 1972, aos 23 anos, ganhou o prêmio sozinho: 11,6 milhões de cruzeiros, o correspondente a 3 milhões de dólares. Dudu da Loteca foi manchete em todos os jornais e ficou famoso internacionalmente. Fez várias viagens de sonho pela Europa com a mulher, comprou salas comerciais, casas e apartamentos, sendo um deles na Av. Vieira Souto, em Ipanema, um dos endereços mais nobres e caros do Rio de Janeiro.

Dizem que, mal orientado, colocou esse apartamento e outros imóveis no nome do sogro. Acabou se separando da mulher algum tempo depois, perdendo praticamente tudo que não estava em seu nome. Para piorar, os dois hotéis em Campos de Jordão (SP), nos quais havia investido uma parte do prêmio, acabaram falindo. Depois de ficar quase sem nada, simplesmente sumiu. Hoje, se estiver vivo, deve estar com cerca de 70 anos, provavelmente trabalhando para viver.

Moral da história: Jesus Silva da Fonseca e Dudu da Loteca são exemplos eloquentes de pessoas que não souberam lidar com o dinheiro. Suas respectivas trajetórias servem como um poderoso lembrete sobre a importância da responsabilidade financeira. Rápida ascensão e queda vertiginosa após ganhar na loteria foram denominadores comuns em suas vidas, prova viva do perigo que é não saber gerenciar o dinheiro adequadamente. Ao invés de investir em oportunidades sustentáveis, ambos sucumbiram ao luxo e aos prazeres momentâneos, resultando em arrependimentos profundos e perdas irreparáveis. Essas narrativas ressaltam a necessidade de educação financeira e discernimento ao lidar com grandes somas de dinheiro, enfatizando que o verdadeiro valor da riqueza está na gestão cuidadosa e na construção de um futuro financeiro sólido.

Jorginho Guinle: sua vida extravagante, uma história real

Herdeiro de uma das famílias mais ricas do país, ele levou uma vida de luxo, sempre se gabando de jamais ter trabalhado na vida. Essa é a história de Jorge Eduardo Guinle, neto de Eduardo Passalin Guinle (1846–1912), um empresário com negócios que incluíam a construção de rodovias, ferrovias e, cereja do bolo, a concessão do porto de Santos por 90 anos.

O imenso patrimônio da família incluía o Palácio das Laranjeiras, a Granja Comari, o Jockey Club do Rio de Janeiro e o tradicional hotel Copacabana Palace.

Jorginho Guinle, que era filho de Carlos Guinle — um dos sete filhos de Eduardo — usufruiu bastante dos bens do clã, levando uma vida de luxo, bastante agitada. Como um autêntico playboy, tinha excelente trânsito na alta sociedade, frequentando festas e estabelecendo relações com os nomes mais abastados do planeta. Tanto que, durante a ditadura de Getúlio Vargas, Guinle se tornou um embaixador informal do Brasil nos EUA, além de ter sido representante do Brasil em "assuntos sul-americanos" em Hollywood, a pedido de Nelson Rockefeller, presidente dos EUA entre 1974 e 1977.

Em Hollywood, passou a frequentar sets de filmagens e a conviver com grandes estrelas. O playboy, inclusive, se gabava de ter "ficado" com musas da época, como Marilyn Monroe, Rita Hayworth e Jayne Mansfield, entre outras.

No entanto, a família Guinle também ficou famosa por gastar além da conta. Tanto que a fortuna do clã foi torrada totalmente, obrigando seus membros a se desfazerem de vários ativos para sobreviver.

A falência, então, chegou a Jorginho Guinle. Sem um tostão no bolso, viveu seus últimos anos de favor, num quarto do Copacabana Palace, cedido pelo novo dono do hotel. "O segredo do bem viver é morrer sem um centavo no bolso. Mas errei o cálculo e o dinheiro acabou antes da hora", admitiu.

Jorginho Guinle faleceu aos 88 anos, após sofrer um aneurisma. Foi casado quatro vezes e teve três filhos.

Moral da história: a vida desregrada de Jorginho Guinle serve como um poderoso lembrete sobre os perigos da extravagância sem limites e da falta de responsabilidade financeira. Embora tenha desfrutado de privilégios incomparáveis e de uma posição privilegiada na sociedade, sua imprudência financeira acabou por levar à ruína uma das famílias mais ricas do país. O mau exemplo de Guinle ressalta a importância de administrar o patrimônio com sabedoria e cultivar hábitos financeiros saudáveis. A verdadeira riqueza não reside apenas na posse de bens materiais, mas na capacidade de preservar e multiplicar o legado familiar de forma responsável e sustentável ao longo das gerações.

Dèsirée e Jo-Ann: a história de duas amigas inseparáveis (baseada em fatos reais)

Dèsirée e Jo-Ann eram amigas inseparáveis desde os tempos em que frequentavam a boate La Licorne Photo, em São Paulo. Embora posteriormente tenham trilhado caminhos diferentes, a amizade entre elas permanecia firme. Enquanto Dèsirée encontrou segurança nos braços de um fazendeiro de Ilhéus, que se casou com ela e a levou para morar na sua fazenda de cacau, Jo-Ann seguiu um caminho mais modesto, casando-se com um homem simples, super apaixonado por ela. Nem mesmo o fato de ser um pé-rapado impediu que ficassem juntos.

A vida de Dèsirée na fazenda era digna de conto de fadas, mas a monotonia do campo às vezes a sufocava. Nessas ocasiões, ela pegava o jatinho do marido e voava até São Paulo para se encontrar com Jo-Ann. Na cidade, tinha à disposição um chofer japonês que atuava como seu guarda-costas — um velho hábito que cultivava desde quando flanava com desenvoltura nas madrugadas sem fim no centro da capital paulista, principalmente na Rua Major Sertório.

Os reencontros das duas amigas eram sempre explosivos. Juntas, elas exploravam os melhores restaurantes, gastavam horas fazendo compras nos shoppings mais badalados, terminando a noite com muita champanhe na suíte do hotel onde Dèsirée se hospedava. Certa feita, ao levar Jo-Ann para casa, Dèsirée testemunhou um fato bizarro. Ao ver que o marido estava em casa, Jo-Ann pediu para Dèsirée manter todas as compras do dia no porta-malas do carro. Como é que ela entraria em casa com aquela quantidade enorme de sacolas Prada, Chanel, Louis Vuitton, entre outras? Que o chofer de Dèsirée voltasse no dia seguinte à tarde, quando o marido estivesse ausente. Assim, ela poderia jogar as sacolas fora, tirar as etiquetas e colocar as novas roupas, sapatos e bolsas disfarçadas no meio de suas coisas antigas.

Os meses se passavam e a história se repetia com frequência. Depois de uma semana de farra, enquanto Dèsirée retornava para sua vida de rainha na fazenda, Jo-Ann ficava para trás, afundada em dívidas cada vez maiores. Orestes, seu marido, que nunca dera muita bola para suas escapadas, um dia resolveu olhar com outros olhos a quantidade e a qualidade das roupas que Jo-Ann começava a usar logo após as visitas de Dèsirée. Presente da minha amiga, dizia ela. Mas um dia, ao abastecer seu Fiat Uno, teve o seu cartão recusado. Como assim? Era Jo-Ann quem cuidava das contas. Desconfiado e receoso, foi ao banco e descobriu que ele e a mulher estavam literalmente falidos, quebradíssimos. Os cartões do casal estavam bloqueados por falta de pagamento e a conta conjunta estava com o limite do cheque especial estourado. Fulo dentro das calças, voltou para casa e enquadrou Jo-Ann, que confessou que estava vivendo uma vida que não lhe pertencia.

Desde então, a vida do casal virou um inferno. Orestes não confiava mais na mulher e, um dia, simplesmente sumiu de casa com a roupa do corpo. Com o coração apertado, Jo-Ann ligou para Dèsirée em busca de socorro financeiro. Mas, quando falou o tamanho do buraco, a amiga desconversou. Disse que ela própria e o marido também estavam ferrados, que uma das fazendas tinha sido invadida pelo MST, que os preços do cacau tinham despencado no mercado internacional, que eles estavam gastando uma fortuna com advogados, blá, blá, blá, sentia muito não poder ajudar.

Desolada, Jo-Ann percebeu que aquela amizade não era verdadeira. A partir de então, sua vida entrou numa espiral descendente. Cortou relações com a única amiga e não sabe dizer quanto tempo ainda ficou na casa alugada, até que foi despejada e teve toda a mobília confiscada. Hoje, continua sozinha e consegue fazer dinheiro apenas para comer e pagar pelo aluguel de um pequeno quarto sem janelas no subsolo de uma pensão no bairro da Liberdade, região central de São Paulo. Ainda tem uma bolsa Louis Vuitton legítima, da qual não desgruda, mesmo estando gasta e bastante judiada.

Moral da história: essa narrativa (com detalhes absolutamente verídicos) das amigas Dèsirée e Jo-Ann (nomes fictícios) serve como um alerta sobre os perigos do consumismo desenfreado e da falta de controle financeiro. É crucial reconhecer os limites dos recursos financeiros pessoais e evitar cair na armadilha do endividamento excessivo e dos juros exorbitantes. Ao invés de buscar conforto temporário em compras extravagantes, é fundamental adotar hábitos de consumo conscientes e priorizar a estabilidade financeira a longo prazo. Infelizmente o caso Jo-Ann não é único: ainda existem muitas pessoas que usam os limites do cartão e do cheque especial como se o dinheiro fosse delas. E o que é pior: pagando os maiores juros do planeta para cobrir um saldo devedor que não acaba nunca.

Adolpho Eugênio: as amizades não sobrevivem quando há dinheiro em jogo

Essa é mais uma história verídica. Apenas os nomes foram trocados para preservar a identidade do protagonista e do estabelecimento comercial.

Adolpho Eugênio começou a trabalhar bem jovem na Peixaria Fisher, uma empresa familiar fundada na década de 1950, no Brooklin Paulista, um bairro de classe média na zona sul de São Paulo. Era um verdadeiro faz tudo. Depois do falecimento do fundador, Adolpho Eugênio foi promovido a gerente da prestigiosa peixaria, que agora estava bombando como nunca no novo endereço, ainda mais perto de um dos tradicionais shoppings de São Paulo. Todo mundo gostava de Adolpho Eugênio, por ser mega profissional, prestativo e sempre disposto a dar um ótimo atendimento aos clientes.

Um dia, Felipe Neves, um dos clientes mais antigos da casa (que praticamente havia se tornado seu amigo), se aproximou dele com um pedido urgente. Queria comprar um bom presente de aniversário de casamento para a mulher, mas estava sem dinheiro e com o cartão de crédito no limite. Naquele momento, Adolpho Eugênio não pensou duas vezes: emprestou seu cartão de crédito para Felipe usar, acreditando piamente que a compra não seria nada demais. E que Felipe honraria sua palavra e pagaria a dívida rapidamente.

Entretanto, depois que Felipe devolveu o cartão de crédito ao amigo, os dias se passaram e nada dele aparecer na peixaria. Nisso, a fatura do cartão chegou e Adolpho Eugênio, com um misto de surpresa, aborrecimento e preocupação, viu que a compra com seu cartão tinha sido bem alta, R$ 4.300,00. Como não estava conseguindo falar com Felipe, resolveu pagar a fatura pelo mínimo. Sabia que os juros seriam extorsivos, mas isso não seria problema dele, seria de Felipe. Porém, começou a ficar difícil falar com o cara, que sempre tinha uma desculpa. “Estou sem dinheiro no momento, mas vou resolver isso em breve. Adolpho Eugênio, fique tranquilo, você me conhece", ele dizia.

As semanas se transformaram em meses, e a dívida virou uma bola de neve — e Adolpho Eugênio foi ficando cada vez mais endividado por conta das compras feitas por Felipe com seu cartão. Já estava chateado com a enrolação do Felipe, mas ficou enfurecido quando ligou para a Bayard e descobriu, por meio da nota fiscal, qual foi o produto que Felipe havia comprado. Na verdade foram dois produtos: dois pares de tênis Nike Lebron, os mais caros da loja, um para a mulher e outro para ele, ambos no valor exorbitante de R$ 2.150,00 cada um.

Sentindo uma mistura de raiva, traição e decepção finalmente Adolpho Eugênio percebeu que sua generosidade foi completamente explorada por alguém que considerava um amigo. Bem, ex-amigo, pois a amizade que antes compartilhavam agora estava em ruínas. Depois de muitas tentativas frustradas de cobrar Felipe, finalmente desistiu — até porque o pilantra não atendia mais o telefone. Tendo sido vítima de sua própria ingenuidade, Adolpho Eugênio tomou uma sabia decisão: jamais voltaria a emprestar seu cartão de crédito ou débito para ninguém, não importa quão próxima seja a pessoa.

E como a dívida do rotativo não parava de subir, ele, Adolpho Eugênio, teve que pedir um favor para a dona da Fisher, Dona Carmen: um adiantamento do seu décimo terceiro salário para pagar o total da dívida do cartão. Resultado, sem poder mais contar com seu décimo terceiro, ficou duro justamente no final do ano. Mas aprendeu a lição. Pagou um preço alto para aprender a dizer não, mas tornou-se muito mais cauteloso.

Moral da história: não importa a situação, jamais empreste seu cartão de crédito ou débito para quem quer que seja. Com certeza a dívida vai sobrar para você! É simples: se quem está pedindo emprestado esgotou suas fontes de crédito, quais as chances de voltar a ter dinheiro sobrando para amortizar a dívida com você? Pense nisso e não tenha receio de dizer não.

Pietro Simonetti e a luta com seus demônios internos

Pietro Simonetti, um prodígio musical desde jovem, encantava audiências com a sua voz e suas composições cativantes, que ecoavam na alma de quem as ouvia. Seu talento o levou a alcançar reconhecimento no *The Voice Brasil* e na sequência em vários países de língua espanhola.

No entanto, nos bastidores de seu sucesso, Simonetti lutava com seus demônios internos. Uma ansiedade implacável e uma sensação de vazio o atormentavam constantemente. Para aliviar esse peso, recorreu à bebida e às drogas, inicialmente de forma recreativa, mas rapidamente se viu envolvido em um círculo vicioso de dependência. No início, as drogas pareciam oferecer um escape temporário de suas angústias, permitindo-lhe lidar com as pressões da fama e os altos e baixos da vida de artista. Contudo, com o tempo, o que começou como um escape transformou-se em uma prisão da qual ele não conseguia escapar.

O vício consumia não apenas sua saúde física, mas também sua carreira e relacionamentos. Shows cancelados, performances desastrosas e escândalos públicos mancharam sua reputação, enquanto amigos e familiares assistiam impotentes à sua espiral descendente. As coisas pioraram notavelmente quando manifestou apoio político a um candidato de direita numa eleição presidencial. O seu cancelamento pela maior emissora de TV do país foi imediato. Até mesmo os áulicos de sempre sumiram de sua vida.

Para piorar, demorou muito a perceber que sua vida luxuosa e extravagante não combinava mais com o seu bolso. Suas escolhas financeiras imprudentes, financiadas por um alto endividamento — cartões de crédito e empréstimos pessoais contraídos a juros exorbitantes — deixaram-no em ruínas financeiras, perdendo o pouco que sobrara de suas conquistas. Sua fortuna desapareceu em uma nuvem de fumaça e sua vida pessoal se desfez em ruínas.

Despojado de tudo, viu-se sozinho, encarando o abismo que suas próprias escolhas tinham criado. Mas, mesmo na escuridão mais profunda, apoiado por um punhado de amigos fiéis, embarcou em uma jornada de recuperação e redenção, determinado a se reerguer. Depois de um longo período de reabilitação, voltou a encontrar força na música e, assim, lentamente, reconstruiu sua vida, um passo de cada vez, reconquistando a confiança em si mesmo.

Embora as cicatrizes de seu passado nunca tenham desaparecido completamente, Pietro Simonetti emergiu dessa provação como uma versão transformada de si mesmo. Não mais definido por seus erros, mas sim pela coragem de enfrentá-los e pela resiliência de sua jornada de recuperação.

Moral da história: a biografia de Pietro Simonetti ressalta não apenas os perigos do vício e das escolhas erradas, mas também a grande irresponsabilidade de se submeter ao pagamento de juros para sustentar um estilo de vida fora da realidade. Ao cair num ciclo de endividamento por meio de cartões de crédito e empréstimos pessoais com juros impagáveis, Simonetti enfrentou não apenas a perda de suas conquistas, mas também a desintegração de sua vida pessoal e profissional. Pagar juros altos resultou na espiral descendente de Simonetti e, por ser uma figura pública, expôs a dura realidade presente na vida de muitas outras pessoas que, sob pressão financeira, recorrem a esses meios para lidar com as dificuldades. É um alerta para a importância de se viver de modo financeiramente responsável e evitar a todo custo o ciclo prejudicial de dívidas onerosas, que costumam levar à ruína financeira e emocional. Portanto, além de sua jornada de recuperação pessoal, a história de Simonetti ressalta a necessidade urgente de disseminação da educação financeira e da conscientização sobre os perigos dos juros altos, deixando claro que a busca por soluções financeiras sustentáveis é essencial para evitar situações semelhantes.

Irineu Dornelles Barreto: aceita um terreno na periferia como pagamento da dívida?

Irineu Dornelles Barreto, que preferia ser chamado apenas de Dornelles, era muito habilidoso. Entendia de mecânica de automóveis como ninguém, fizera vários cursos de especialização na fábrica da Volkswagen. Nos fundos de sua casa no bairro paulista de Santo Amaro, tinha uma oficina completa, inclusive com torno mecânico, que usava para fabricar as peças de carros antigos que restaurava nos finais de semana. Trabalhava com paixão, mas às vezes o trabalho rareava e ele quase nunca tinha o suficiente para pagar suas contas.

Sempre preocupado com o dia a dia da oficina, Dornelles deixou de cuidar da saúde bucal como deveria. Certa feita, uma mega infecção dentária obrigou-o a ir ao dentista. No consultório, o dentista, que inclusive ele já conhecia como cliente da oficina, deu-lhe péssimas notícias, pois o estado de sua boca era lamentável. Saiu da consulta sem os dentes do siso e com um orçamento para restaurar toda a boca. A brincadeira ia custar um dinheiro que ele não tinha.

Foi aí que ele se lembrou de um terreno na periferia de Santo Amaro que havia herdado de seu sogro. Bingo: vou colocar o terreno à venda e pago o doutor. E, assim, prosseguiu e terminou o tratamento, com a promessa de pagamento assim que vendesse o terreno.

Nem preciso dizer que deu ruim. Meses se passaram e nada de aparecer um comprador para o *maledetto* terreno. Enquanto isso, o dentista continuava sem receber. Até que um dia, Dornelles resolveu propor uma forma alternativa, qual seja, oferecer o terreno como dação de pagamento do tratamento.

Segundo disse ter ouvido de um corretor da região, o terreno valia R$ 30 mil. Como sua dívida era de R$ 25 mil, Dornelles propôs uma troca com troco. O santo dentista pagaria R$ 5 mil e ficaria com o terreno. Por incrível que pareça, o dentista topou — sem nem mesmo visitar o terreno. Acho que no fundo simpatizava com Dornelles e queria ajudar.

Somente algum tempo depois, quando seu filho mais velho soube da história, o dentista resolveu visitar o terreno. Num primeiro momento gostou da propriedade, era razoavelmente plana. Só depois, com a chegada de um corretor do bairro, verificou na planta que o terreno não era aquele, mas sim uma pirambeira ao lado, que valia muito menos.

Moral da história: não se deve investir dinheiro bom para tentar recuperar dinheiro ruim. Aceitar a troca com troco deu um baita prejuízo para o dentista. Para recuperar R$ 25 mil, ele teve que gastar R$ 5 mil. E, como só conseguiu depois vender o terreno por R$ 10 mil, acabou, no frigir dos ovos, recebendo R$ 5 mil de uma dívida de R$ 25 mil. Prejuízo: R$ 20 mil. É o que dá ser bonzinho e confiar cegamente em qualquer pessoa. Desnecessário revelar o nome do dentista e do filho mais velho.

Laura Garcia: preciso urgentemente de um fiador!

Laura Garcia nunca imaginou que um simples pedido de ajuda de sua amiga, Mafalda Fernandes, se transformaria em um pesadelo financeiro. Sua amizade com Mafalda era um laço antigo, forjado nos corredores do Colégio Levy, no bairro paulista de Moema, onde estudaram juntas compartilhando risos e segredos.

Morando lado a lado, eram inseparáveis. No entanto, quando o marido de Mafalda testou positivo para covid-19 e precisou ser entubado, a tragédia a atingiu em cheio. Depois de passar quatro meses na UTI, o marido de Mafalda não resistiu e veio a falecer. Com isso, sua situação financeira rapidamente se deteriorou. Não tendo como arcar com as dívidas hospitalares, fez um empréstimo consignado para pagar o hospital, que, implacável, havia transferido a cobrança da dívida para uma empresa especializada.

Entretanto, Mafalda mal sabia que seu marido tinha deixado uma outra dívida, desta feita com um agiota, que tinha um método peculiar de cobrança, bem mais agressivo, para dizer o mínimo. Conseguiu parcelar a dívida, o que lhe custou caro: não mais conseguiu manter o aluguel de sua casa.

Sucessivos atrasos no pagamento do aluguel já tinham acendido um alerta vermelho na cabeça do proprietário. "Talvez seja melhor você entregar o imóvel", disse ele a Mafalda. "Para não agravar sua situação, posso isentá-la dos atrasados e dos próximos 3 meses de aluguel, desde que saia do imóvel nos próximos 90 dias". O proprietário era macaco velho, sabia que esse tipo de acordo era melhor do que uma ação de despejo. Além do mais, certamente conseguiria alugar o imóvel por um valor maior.

Foi assim que Mafalda começou a procurar uma moradia mais em conta, uma casinha de vila. Mas quem disse que ela encontraria um locador disposto a locar um imóvel sem seguro fiança ou fiador?

À medida que o tempo passava, a situação de Mafalda tornava-se mais desesperadora. Foi quando Laura, sensibilizada pela angústia da amiga, tentou convencer seu marido a ser o fiador do novo imóvel de Mafalda. Inicialmente relutante, ele acabou cedendo aos apelos persistentes de Laura.

Tudo começou bem. Mafalda pagou os primeiros aluguéis em dia, mas com o tempo, a regularidade dos pagamentos desapareceu misteriosamente. Com isso, o marido de Laura, na qualidade de fiador, foi obrigado a honrar os pagamentos ao proprietário. "Eu não disse que era uma roubada ser fiador da sua amiga? Pagar o nosso aluguel e o aluguel dela não estava no programa, está deteriorando nossa situação financeira."

Laura, cada vez mais sem graça, não conseguia entender o que havia acontecido com a amiga. Telefonemas e mensagens pedindo explicações ficaram sem resposta. A verdade só veio à tona quando o marido de Laura recebeu uma notificação de despejo. Mafalda havia abandonado o imóvel, deixando uma carta para Laura e seu marido. "Peço perdão a vocês, mas minha vida na cidade grande se tornou impossível. Espero recompensá-los um dia, nunca vou esquecer o bem que fizeram a mim." Ao fim e ao cabo, não teve jeito: Laura e seu marido foram deixados para arcar com as consequências financeiras da sua generosidade.

Mafalda, que deixara para trás um rastro de dívidas, estava agora distante. Havia encontrado refúgio na casa de parentes no interior, agora sustentando-se vendendo bolos na praça da cidade. Não tinha mais conta em banco, nem cartão de crédito. Nunca fez um PIX em toda sua vida. Para Laura, restou apenas a amargura de ter perdido uma amizade. Para seu marido, custou muito mais do que isso.

Moral da história: os nomes dos protagonistas são fictícios, mas esta é uma história baseada em fatos reais, uma reflexão sobre os limites da generosidade e a importância de estabelecer limites saudáveis em relacionamentos pessoais e financeiros. Mostra como a boa vontade pode ser explorada e até mesmo abusada por aqueles que não têm a mesma responsabilidade ou consideração. Além disso, destaca a necessidade de cautela ao assumir compromissos financeiros em nome de outras pessoas, especialmente quando há riscos envolvidos. A história ressalta a importância de se proteger financeiramente e de reconhecer quando é necessário dizer não, mesmo que isso possa causar desconforto ou rupturas nas relações interpessoais.

Cleyderson Silva, a história de um grande jogador de futebol (baseada em fatos reais)

Cleyderson Silva era um jovem talentoso que desde cedo demonstrou um dom excepcional para o futebol. Cresceu em uma família humilde, mas seu talento logo chamou a atenção dos olheiros de um grande clube da cidade. Com determinação e muito esforço, alcançou o sonho de se tornar jogador profissional. Com seu talento nos campos, Cleyderson Silva rapidamente ganhou fama e fortuna. Tornou-se uma estrela do futebol, aclamado pelos torcedores e disputado por clubes internacionais. Com os altos salários e os contratos de publicidade lucrativos, mergulhou em um estilo de vida extravagante.

No entanto, por trás da fachada de sucesso e glamour, Cleyderson Silva tinha um vício que o consumia: os jogos de azar. Desde os primeiros dias de sua carreira, ele se viu seduzido pelos cassinos luxuosos, apostas em corridas de cavalo e mesas de pôquer de altas apostas. Las Vegas se tornou seu segundo lar. Mônaco o terceiro. O risco, a adrenalina e o glamour de Las Vegas o atraíam irresistivelmente, levando-o a gastar somas exorbitantes em diárias de hotel e apostas cada vez mais arriscadas. Mas não só: as altas rodas de pôquer em salas privê do cassino de Montecarlo e o charme de Mônaco exerciam um poder absolutamente magnetizante sobre ele.

Além do vício em jogos, Cleyderson Silva também se entregava a um estilo de vida de excessos, cercado por mulheres que só estavam interessadas em seu dinheiro. As festas extravagantes e os gastos irresponsáveis acabaram por corroer sua fortuna rapidamente.

Mesmo diante dos avisos e conselhos de amigos e familiares, Cleyderson Silva não conseguia controlar seus impulsos autodestrutivos. Ele continuou a apostar e a gastar sem limites, ignorando os sinais óbvios de que sua vida estava rapidamente se desfazendo.

Quando finalmente chegou ao fundo do poço, Cleyderson Silva estava completamente falido. Seus bens foram todos penhorados, suas propriedades vendidas e sua carreira no futebol arruinada pela má reputação. Sem dinheiro, sem casa e sem esperança, viu-se obrigado a depender da caridade de parentes distantes para sobreviver.

A tragédia de Cleyderson Silva serve como um lembrete sombrio dos perigos do vício e do hedonismo desenfreado. Sua história é um testemunho doloroso de como o sucesso pode ser efêmero e como as escolhas erradas podem levar à ruína total.

Moral da história: a trágica queda de Cleyderson Silva nos lembra dos perigos devastadores do vício em jogos de azar e da busca insaciável por prazeres efêmeros. Sua história nos ensina que o sucesso e a fortuna podem ser fugazes se não forem acompanhados por uma responsabilidade financeira e emocional. O (mau) exemplo de Cleyderson Silva ressalta a importância de cultivar uma mentalidade de moderação, autocontrole e equilíbrio em todas as áreas da vida.

A verdadeira riqueza não está apenas na acumulação de bens materiais, mas sim na busca por uma vida plena, baseada em valores sólidos, relacionamentos significativos e uma abordagem prudente aos desafios e tentações que surgem ao longo do caminho.

Latino, o cantor que perdeu uma fortuna nas corridas de cavalos (história verídica)

O cantor Latino (nome artístico do cidadão carioca Roberto de Souza Rocha), em entrevista ao podcast *Inteligência Ltda.*, admitiu ter perdido uma fortuna no Jockey Club de São Paulo, no auge do seu sucesso. Entre 1992 e 1996, seu vício fez com que ele perdesse grande parte de tudo o que havia conquistado com seus hits musicais. "Eu era muito jovem, não tinha a cabeça que eu tenho hoje, fiz muita bobagem e me viciei em corrida de cavalo. Perdi tudo. Por baixo, eu perdi uns R$ 30 milhões. Na época, eu apostava de manhã até a noite. Eu deixava de fazer shows para ir ao Jockey Club."

Segundo ele "O jogo era pior que cocaína. Não conseguia me controlar, pegava dinheiro emprestado para apostar. Não sei explicar, era diabólico. Fiquei muito mal nessa época, tive depressão e síndrome do pânico. Tive que vender tudo para pagar contas altas, fiquei devendo para agiotas. Queriam me matar se eu não pagasse, fiquei fora da curva."

De fato, livrar-se de qualquer tipo de vício não é fácil.

Pegando carona no caso de Latino, quero contar uma outra história, do meu tempo, para ilustrar o quanto é difícil se livrar do vício de apostar em cavalos. Nos anos 1960, havia uma galera que se reunia nos sábados à noite numa pizzaria no bairro do Brooklin Paulista, em São Paulo. Era a Turma do Danúbio (que por sinal era o nome da pizzaria). Formada majoritariamente por uma galera de classe média, o grande barato da turma era aprontar. Adoravam promover e fazer rachas de automóvel no Morumbi e na Rua Augusta.

Mas o que gostavam mesmo era de entrar de penetra em festas de aniversário de adolescentes. Havia sempre alguém que descobria uma festa na região e lá iam todos, com seus carros rebaixados e escapamento aberto. Entravam na cara dura, comiam e bebiam à vontade, dançavam com as meninas mais bonitas e na maioria das vezes tomavam conta da festa. Havia alguns brutamontes no grupo, talvez tenha sido por isso que nunca encontraram gente disposta a impedi-los.

Um desses caras era o Luiz Gustavo, que também gostava muito de apostar no Jockey. O Luiz Gustavo era um aficionado completo. Jogava nas corridas realizadas aos sábados e domingos à tarde e nas corridas noturnas de segunda-feira. Pesquisava tudo sobre o retrospecto dos cavalos nas revistinhas especializadas *O Coruja* e o *Turfe Ilustrado*. No dia das corridas, levantava cedinho e ia até as cocheiras falar com os treinadores e jockeys. Acabou ficando amigo de muitos. De lá, saía cheio de dicas e, depois, já preparado, preenchia os volantes nos guichês de apostas. Jogava tudo o que tinha. Um belo dia, para comemorar seus 25 anos, resolveu dar uma megafesta e convidou alguns de seus amigos jockeys. Um deles era Albenzio Rigoni, um jockey famoso à época. Logo que chegou, Rigoni chamou Luiz Gustavo de lado. "Cara, eu não trouxe nenhuma lembrança pra você. Mas vou te dar um baita presente, para as corridas de segunda-feira. No sétimo páreo, vou montar o cavalo Tarantino. É uma barbada, venho escondendo o leite e segurando esse cavalo nas últimas corridas. Ele não é favorito, é um azarão que vai pagar uma pule alta pra caramba. Pode jogar a grana que tiver." "Uau, que presente", pensou Luiz Gustavo. Dito e feito: Luiz Gustavo limpou sua conta, entrou no cheque especial e meteu chumbo no número 3, do sétimo páreo, Tarantino. À noite, foi ao hipódromo mega excitado. Dada a largada, abriram-se as portas do partidor e apenas um cavalo não partiu: Tarantino. Não se sabe o que aconteceu, mas Tarantino chegou em último. O palavrão mais leve ouvido na arquibancada foi "Rigoni filho da mãe", os demais são impublicáveis. Belo presente, hein Rigoni! Consequência: Luiz Gustavo entrou imediatamente para o contingente de endividados crônicos brasileiros. Levou anos para se reerguer. Pra finalizar: eu, que também contribui bastante para o caixa do Jockey durante algum tempo, peço a você um superfavor: fique fora dessa. Esqueça o Jockey.

Conclusão

Você acabou de conhecer histórias verídicas, baseadas em fatos reais, de pessoas que tiveram muita dificuldade para lidar adequadamente com o dinheiro. Algumas foram muito ricas, como Jorginho Guinle, cuja fortuna foi dilapidada ao longo do tempo. Outras ganharam muito dinheiro em loterias e perderam tudo praticamente da noite para o dia, como o Dudu da Loteca e o Jesus Silva da Fonseca. Ambos gastaram tudo! Como se não houvesse amanhã. O caso do Latino, então, foi ainda mais grave, pois estamos falando de jogo de azar e muito, muito dinheiro.

Você conheceu também as histórias de pessoas que procuraram ajudar amigos e familiares e acabaram sendo financeiramente prejudicadas. E também histórias de pessoas que foram compelidas a mudar drasticamente o padrão de vida para contornar situações emergenciais.

Como cereja do bolo, teve acesso à história na qual a protagonista levava uma vida de luxo completamente fora de sua realidade financeira e terminou literalmente na miséria.

Vamos então para a outra face da moeda.

A seguir você conhecerá histórias de pessoas que, mesmo diante de desafios e obstáculos difíceis, acreditaram no próprio potencial, encontraram um caminho para a superação e, com muita determinação, alcançaram o sucesso.

Resiliência e determinação são forças que nos impulsionam a transformar erros em aprendizados e a buscar novas oportunidades. Com foco e perseverança, é possível virar o jogo e trilhar um caminho de conquistas.

Histórias inspiradoras de resiliência e determinação

A jornada de Maria Clara Martins: de costureira a empresária de moda

Maria Clara Martins nasceu numa pequena cidade do interior de Minas Gerais, em uma família que sempre viveu com poucos recursos, apesar do trabalho duro. Filha de uma costureira e de um agricultor, Clarinha, como era carinhosamente chamada pelos amigos, cresceu no meio de tecidos, linhas e do cheiro da terra. Desde cedo, ajudava a mãe a consertar roupas para vizinhos e parentes. Esse contato próximo a fez pegar gosto pela costura, sua mãe não media esforços para ensinar a ela tudo o que havia aprendido com a avó de Clarinha. Costurar fazia parte do DNA daquela família.

Aos 18 anos, Clarinha conseguiu seu primeiro emprego de carteira assinada numa pequena confecção da cidade. O trabalho era exaustivo e o salário mal dava para cobrir as contas, mas ela sempre teve a cabeça tranquila e o desejo de melhorar. Quando sobrava um tempinho à noite, buscava aprender mais e mais sobre costura com sua mãe, que sempre lhe repassava um detalhe ou uma dica técnica que Clarinha poderia aplicar na confecção para fazer seu trabalho render melhor.

Com o tempo, Clarinha, ciente de sua habilidade, começou a sonhar em criar suas próprias roupas, mas sem muita pressa e sem grandes ambições. Sabia que o caminho seria longo. Mas, aos 25 anos, já determinada, decidiu tentar a sorte fazendo peças sob medida para conhecidos. Pegou uma antiga máquina de costura da mãe e, mesmo sem muito dinheiro, foi comprando tecidos e outros materiais com o que economizava do salário. Não era fácil enfrentar uma jornada de 8 horas na confecção e continuar na frente de uma máquina de costura à noite. Mas ela sabia que era por pouco tempo, até se demitir da confecção. Sua chefe lamentou seu pedido de demissão, mas desejou sucesso para Clarinha no seu novo desafio. E em agradecimento a tantos anos de bons serviços prestados, concordou em demiti-la, para que Clarinha pudesse levantar seu fundo de garantia.

O dinheiro do FGTS foi fundamental para Clarinha comprar máquinas de costura mais modernas e com isso dar início ao próprio negócio. O começo foi devagar. Clarinha fazia roupas para amigas e vizinhas, mas em pouco tempo começou a levar algumas de suas criações para vender no mercado municipal nos fins de semana. Suas peças eram muito simples, mas caíram no gosto de suas clientes. Com o tempo, muita paciência e dedicação, o boca a boca começou a funcionar. Nada demais, mas aos poucos mais pessoas queriam comprar as roupas que ela confeccionava.

Em 2021, quando a pandemia chegou, foi um verdadeiro baque. Clarinha, que coincidentemente, havia comprado mais algumas máquinas de costura e uma grande variedade de tecidos, viu os pedidos desaparecerem, pois as lojas físicas que estavam distribuindo seus produtos simplesmente fecharam por conta do lockdown. Sem poder faturar e com poucas reservas financeiras, as contas começaram a se acumular. Depois de muitas noites maldormidas, decidiu fazer um empréstimo bancário para pagar o básico. Conseguiu um crédito consignado em nome do pai, com juros mais baixos, mas aquela situação a deixava muito preocupada. Mesmo com o dinheiro do empréstimo, estava difícil segurar as pontas. O jeito foi fazer novos empréstimos e pedir mais prazo aos fornecedores. Ao fim e ao cabo, Clarinha era uma mulher endividada.

Doía no seu coração olhar para a máquina de costura parada. Por sorte, ela tinha uma rede de apoio familiar importante. E, por mais que não gostasse, começou a fazer alguns bicos como faxineira, para uma conhecida, o que lhe permitiu enfrentar seus gastos básicos. Foi uma fase difícil, de muito sacrifício e angústia, mas ela nunca deixou de acreditar que podia dar a volta por cima. Sua família era conhecida pela simplicidade e honestidade, por isso não foi surpresa quando os credores concordaram em alongar os prazos de pagamento dos valores devidos.

Foi então que, em meio à crise, Clarinha resolveu tentar o que nunca tinha imaginado: vender suas peças pela internet. Aprendeu sozinha a usar as redes sociais e montou uma lojinha virtual simples. As vendas não vieram de imediato, mas aos poucos algumas pessoas se interessaram por suas criações. Ela começou a entender que, com paciência, podia retomar seu negócio, mesmo que de uma forma diferente.

Deu supercerto. Clarinha pagou todas as dívidas pouco a pouco e continuou trabalhando no seu ateliê doméstico. E, contando com uma clientela fiel, conseguiu manter seu pequeno negócio de pé.

O que aconteceu? Clarinha se reinventou! Apostou no e-commerce, aprendeu marketing digital por conta própria e começou a vender suas criações de forma on-line. Seu sucesso foi fruto de uma alta dose de resiliência, de determinação e de confiança nas suas capacidades.

Mas ela queria mais. Houve um momento em que Clarinha percebeu algo importante: que as pessoas estavam se mostrando cada vez mais preocupadas com o meio ambiente. O mundo estava mudando e a ideia de consumir de forma consciente estava ganhando cada vez mais força. Atenta a essa tendência, Clarinha decidiu que seu próximo passo seria investir em moda sustentável.

Clarinha pesquisou profundamente sobre o assunto e começou a fazer "roupas sustentáveis", utilizando tecidos feitos de materiais reciclados, como garrafas PET transformadas em fibras, para a confecção de roupas esportivas e casuais. Fez parcerias com fornecedores que produziam matéria-prima com baixo impacto ambiental e optou por trabalhar com algodão orgânico, cultivado sem o uso de pesticidas e com muito menos água.

Também adotou uma política de produção em pequena escala, evitando o desperdício de recursos e promovendo a ideia de consumo mais consciente, onde a qualidade prevalecia sobre a quantidade. Ao produzir peças que causavam menos dano ao meio ambiente, ela conquistou um novo público, preocupado não só com estilo, mas também com o futuro do planeta.

Não deu outra. Seu negócio cresceu exponencialmente, o que a colocou no mapa da moda sustentável. Sua marca se tornou referência internacional e seu sucesso fez dela uma multimilionária.

Mas, Clarinha Martins, agora reconhecida internacionalmente, nunca perdeu o foco no que realmente importava: criar um impacto positivo no mundo. Continuou inovando, sempre mantendo o compromisso com a sustentabilidade e provando que é possível ter sucesso nos negócios e, ao mesmo tempo, fazer a diferença para as gerações futuras.

Roberto Veronese: garçom, motorista de aplicativo, dono de hamburgueria

Roberto nasceu em uma família simples, onde o dinheiro sempre foi escasso. Desde cedo, ele sabia que precisaria trabalhar duro para subir na vida. Aos 16 anos, dividia seu tempo entre ser garçom em um restaurante, de dia, e estudar à noite em uma escola pública. Não era fácil, o cansaço era imenso, mas a esperança de dias melhores o motivava a continuar. Depois de economizar por dois anos, conseguiu fazer um curso técnico de gastronomia no Senac. Com o diploma em mãos, arrumou um emprego como assistente de cozinheiro no Colégio Adventista de São Paulo. Embora o salário fosse modesto, ele via o emprego como uma oportunidade de aprendizado. Foi promovido a chefe de cozinha, mas ainda assim, as dificuldades financeiras eram muitas.

Determinado a dar um passo maior, Roberto e o gerente de contabilidade do colégio decidiram abrir um restaurante. Para isso, reuniram todas as suas economias e endividaram-se até o pescoço. Compraram um imóvel, mas a pandemia chegou e o sonho virou pesadelo. Sem poder funcionar, o restaurante fechou as portas e Roberto não conseguiu pagar os empréstimos bancários. Para quitá-los, o imóvel foi dado em dação de pagamento, mas ele e o sócio perderam tudo o que tinham. Afundado em dívidas e sem emprego, Roberto enfrentou uma depressão severa, passando os dias na casa dos pais, sem forças para recomeçar.

Foi durante esse período que ele começou a ler livros de autodesenvolvimento e educação financeira, que eram a paixão de seu irmão mais velho. Obras como *Pai Rico, Pai Pobre* e *Os Segredos da Mente Milionária* lhe abriram os olhos. Ele percebeu que não sabia lidar com o dinheiro, reconheceu que seus conhecimentos de educação financeira eram precários e que tinha sido uma besteira gastar mais do que podia e se comprometer com dívidas que tinham juros altíssimos. Prometeu a si mesmo que, se tivesse uma nova chance, faria tudo diferente.

Quando a pandemia arrefeceu, Roberto decidiu trabalhar como motorista de aplicativo. Alugou um carro econômico e estabeleceu uma meta: viver com 60% do que ganharia, usando os outros 40% para pagar dívidas. O trabalho era exaustivo — 14 horas por dia, sem folga — mas ele tinha um novo propósito. Após dois anos de esforço, pagou cada centavo de suas dívidas.

Mas, a ideia de ter um negócio próprio não saía de sua cabeça. Um dia, transportando um passageiro, conversaram sobre futebol, política e empreendedorismo. O homem, de nome Richard, um americano recém-chegado ao Brasil, contou a Roberto que ele e sua esposa brasileira estavam decepcionados com a violência que estava acontecendo em Los Angeles e por isso haviam resolvido passar um tempo no Brasil. Richard contou que a violência urbana nos Estados Unidos tinha sido agravada após a aprovação de uma lei que reclassificou furtos de até US$ 950 como simples contravenções. Essa medida levou a um aumento significativo no número de furtos em lojas, uma vez que as pessoas passaram a explorar essa "brecha" legal para roubar sem medo de serem presas. Contou que dava dó ver o estado de abandono que se encontravam os centros de cidades como São Francisco, Los Angeles e Portland, por exemplo. Lojas de departamentos fechadas, pessoas sem-teto e dependentes químicos perambulando pelas ruas, comércio falido... esse era o novo normal dessas cidades. Ele tinha várias ideias para montar um negócio próprio em São Paulo. A que mais lhe seduzia era a ideia de abrir uma hamburgueria de rua, semelhante a uma localizada em Venice Beach, da qual era cliente assíduo. Assim, Richard, que havia estudado economia, tinha dinheiro e era bom de contas, não pensou duas vezes em se mudar para cá. Mas, como tinha zero de experiência no ramo, essa ideia de montar uma hamburgueria estava patinando em sua cabeça. Por isso, ficou fascinado quando Roberto, apaixonado por gastronomia, compartilhou sua experiência anterior como chefe de cozinha. Richard propôs um novo encontro e, da conversa, surgiu uma parceria: eles se associaram para abrir a hamburgueria, ficando acertado que o americano tocaria as finanças, o marketing e a divulgação, enquanto Roberto cuidaria da gastronomia. Depois de achar um ponto promissor, trabalharam firme para viabilizar a operação. Em pouco tempo, o sonho saiu do papel e a hamburgueria foi inaugurada. Para a alegria dos sócios, na inauguração a fila dobrou o quarteirão, o hamburguinho recheado se tornou um sucesso. Naquela portinha de garagem de uma rua transada do Campo Belo, em São Paulo, Roberto fazia de tudo: aquecia os pães, grelhava os hambúrgueres, atendia clientes, limpava a cozinha — nada escapava da sua supervisão e do olhar de dono. Trabalhava do meio-dia à meia-noite, movido por um incansável desejo de vencer, usando as lições de autodesenvolvimento que recebera para fazer o negócio bombar e não repetir os erros do passado.

Com seu foco e disciplina, a hamburgueria se tornou um sucesso. O hamburguinho recheado, ao lado do triplo cheeseburger, viraram o carro-chefe, e as filas que se formavam à porta mostravam o tamanho da vitória. Hoje, com seis lojas, Roberto entende que o sucesso é resultado de pensar no cliente e de determinação, resiliência, e muito, muito trabalho. Coincidência ou não, a virada de chave só aconteceu depois que ele começou a acreditar em si mesmo.

Engana-se se você acha que a história já terminou. Mesmo estando completamente adaptado ao Brasil, dois anos depois de aqui ter chegado, Richard decidiu retornar aos Estados Unidos. Seu pai não estava bem e ele não pôde recusar a "convocação" recebida de sua mãe para tocar os negócios da família. Assim, por um capricho do destino, Roberto pôde comprar a parte de Richard e tornou-se o único dono de um negócio muito lucrativo. Passando pelo bairro do Campo Belo, se você notar uma fila na frente de uma portinha de garagem, tenha a certeza de que estará diante da hamburgueria do Roberto.

A.A.

A.A. era um jovem como outro qualquer nascido na área rural de uma pequena cidade do interior de São Paulo. De família humilde e sem recursos, era um garoto pobre, que nunca teve a oportunidade de frequentar uma boa escola. Aos 13 anos, seu pai — um agricultor rígido e de temperamento difícil — obrigou-o a abandonar os estudos para ajudar nas lavouras de café da propriedade onde era empregado, uma fazenda em Sertãozinho. O trabalho árduo no campo era muito duro e A.A., franzino que era, estava vivendo um momento muito difícil. Ele não conseguia enxergar um futuro promissor trabalhando de sol a sol no campo. A.A. não queria decepcionar o pai, mas as longas horas no campo obrigaram-no a tomar uma decisão que iria mudar sua vida.

Um dia, sem pensar muito, simplesmente fugiu em busca de algo maior. Saiu de casa com a roupa do corpo, quando seus pais ainda dormiam. Sem ter para onde ir, encontrou refúgio na cidade de Bebedouro, no interior de São Paulo. Dormia nos bancos da praça da igreja, literalmente passando fome enquanto procurava oportunidades. Foi quando conseguiu seu primeiro emprego em uma tipografia local, onde aprendeu o ofício e começou a moldar o seu espírito resiliente e disciplinado.

Com o tempo, surgiu a oportunidade de trabalhar em um banco, não como executivo ou gerente, mas como contínuo — o cargo mais simples da instituição. A.A. tornou-se o mensageiro que atravessava as ruas carregando documentos de uma agência para outra. Embora fosse um trabalho humilde, ele enxergava possibilidades. Observava tudo ao seu redor, sempre estudando os meandros das operações bancárias nas horas vagas.

Apesar da asma que carregava desde criança, sua saúde precária não o impediu de continuar. A.A. era determinado. Com esforço e dedicação, foi gradualmente reconhecido por suas habilidades, subindo na hierarquia da instituição. Seu crescimento foi constante, fruto de sua disposição para aprender e de sua capacidade de enxergar oportunidades onde outros viam apenas obstáculos.

Se A.A. tivesse parado por aí, sua história já seria admirável. Mas ele queria mais. Não se contentava apenas com o suficiente, buscava o extraordinário. Em 1943, assumiu o cargo de diretor-gerente em uma nova instituição financeira. Ali, deixou sua marca desde o primeiro dia. Sua liderança, honestidade e simplicidade impressionavam a todos. Sua visão ia além das paredes do banco; ele plantava sementes para o futuro.

Anos depois, A.A. tornou-se presidente dessa instituição, que viria a se tornar o maior banco do país. Ele não foi apenas um construtor de riquezas, mas um jardineiro que plantava em solo fértil e estimulava seus pares a fazer o mesmo. Seus valores moldaram a cultura do banco e sua persistência transformou sua trajetória de office-boy a líder de uma das maiores instituições financeiras do mundo.

E foi assim que A.A., ou melhor, Amador Aguiar[(5)], deixou um legado que se estende até os dias de hoje como o lendário fundador do Bradesco e da Fundação Bradesco, que oferece educação gratuita de qualidade a crianças, jovens e adultos em todo o Brasil, com foco em comunidades carentes.

In memoriam de Amador Aguiar, falecido em 24 de janeiro de 1991.

W.B.

Nosso personagem não nasceu em berço de ouro. Ao contrário, nasceu numa família de posses limitadas. Mas ele se considera um homem de sorte, que teve pais inteligentes que bancaram seus estudos em boas escolas. O dinheiro era curto e, talvez por isso, a família tinha como lema "gaste menos do que ganha e não contraia dívidas". Nosso personagem nunca pôde contar com uma simples mesada, nem dos pais nem dos avós. Isso o obrigou a fazer pequenos bicos desde pequeno e foi assim que ele pegou gosto pelo trabalho e pelo dinheiro, muito dinheiro. Por isso, não causa espanto que tenha ganhado tanta grana ao longo de toda a sua vida, tornando-se um dos maiores bilionários do planeta. Se você pensa que essa é mais uma história de um nerd franzino que venceu na vida, está enganado. Na escola, de nerd ele só tinha a aparência: era um péssimo aluno e tinha uma fortíssima necessidade de aprontar — e era o que fazia sempre que a oportunidade aparecia. Nos dias de hoje, nos quais o politicamente correto está na moda, nosso personagem seria considerado um verdadeiro "delinquente". Seu primeiro emprego foi no armazém do avô, um trabalho braçal que ele detestou, pois era obrigado a carregar pesadas sacas de alimentos. Um belo dia, cansado dessa jornada entediante e cansativa, pegou sua bicicleta e voltou para casa, jurando nunca mais passar perto do emprego. Disposto a ganhar dinheiro por conta própria, começou a entregar jornais no seu bairro, com sua bicicleta. Desenvolveu uma técnica para dobrar os jornais que conferia grande "produtividade" à atividade de jogá-los em direção às portas de entrada das casas dos clientes. Em pouco tempo, entregava muito mais jornais do que qualquer outra pessoa. Em pouco tempo, a atividade de entrega de jornais lhe rendia um valor maior do que os salários dos professores de sua escola. Inquieto que era, começou a buscar outras fontes de renda. Ele atirava para todos os lados: vendia calendários e assinaturas de revistas, lucrava com a instalação de máquinas de fliperama em barbearias da cidade e vendia bolas de golfe seminovas que ele e seus amigos recuperavam dos pequenos lagos situados ao lado dos campos de golfe. Assim, ao terminar o ensino médio, já acumulava uma pequena fortuna.

Nosso personagem tornou-se milionário aos 32 anos, demonstrando uma grande habilidade para comprar participações relevantes de empresas que estavam depreciadas no mercado por conta de fatores exógenos ou conjunturais, ou penalizadas pelo mercado em razão de turbulências ou instabilidade financeira.

Foi essa estratégia que o levou a se tornar, já ao 60 anos, um dos maiores bilionários do mundo. Com o tempo, tornou-se sócio de alguns dos principais ícones da indústria americana, como a Coca-Cola e a Gillette. Essa é a primeira pista com relação à nacionalidade e o extrato social ao qual pertence: nosso personagem é americano e sempre levou uma vida modesta para seu padrão de riqueza. Ninguém sabe direito a razão, mas ele exigia que suas camisas fossem lavadas em casa. Sua santa mulher as lavava e secava, mas não as passava a ferro — e por isso as suas camisas estavam sempre amarrotadas. Só depois de passar vergonha em algumas reuniões de negócios, foi convencido a mandar suas camisas para a lavanderia, regularmente.

Em outra decisão de pão-durismo explícito, fez um acordo com o jornaleiro da esquina para comprar as revistas da semana anterior com desconto, quando estivessem prestes a serem jogadas no lixo.

Este é um pequeno resumo da história do bilionário Warren Buffett(6), um dos investidores mais bem-sucedidos do mundo, conhecido por sua estratégia de investimento de longo prazo e visão de valor. Buffett prega a simplicidade nos investimentos, sempre enfatizando a importância da paciência e da diversificação. Até hoje, mesmo com sua fortuna, ele leva uma vida modesta e é um filantropo ativo, comprometido em doar grande parte de sua riqueza. Para alguém que não deixava ninguém chegar perto do armário onde guardava suas moedas quando menino, foi uma grande surpresa quando ele anunciou, em 26 de junho de 2006, que doaria, nos anos seguintes, 85% das ações da sua companhia de investimentos, a Berkshire Hathaway, para um grupo de fundações. Na época, isso representava a bagatela de US$ 37 bilhões, e a maior parte foi para a Fundação Bill & Melinda Gates, a maior instituição de caridade do mundo. Com certeza, todo esse dinheiro está sendo útil para ajudar a reduzir as desigualdades e melhorar as condições de vida em todo o mundo nas áreas da saúde e da educação.

O que mais posso dizer? Aprenda, pelo menos, o básico do básico sobre educação financeira. Assim, você poderá tomar suas próprias decisões de investimento com base nos seus juízos de valor — e não apenas com base em recomendações de terceiros, que muitas vezes podem estar contaminadas com o viés do conflito de interesse. Faça como Warren Buffett: seja uma máquina de aprender.

Steve Jobs

Você com certeza já ouviu falar de Steve Jobs(7), o pai do iPhone. Mas sabia que o cara, entre erros e acertos, experimentou várias reviravoltas em sua vida profissional ao longo dos anos? Steve Jobs nasceu em 24 de fevereiro de 1955, em São Francisco, Califórnia, filho de pais biológicos que o colocaram para adoção. Ops, como é que é? O cara foi adotado, o que significa que foi rejeitado pelos pais biológicos, o que poderia gerar nele um complexo de inferioridade por ter sido deixado para trás, ou uma sensação de insegurança emocional. Que nada. Se ele teve, disfarçou bem e superou.

De qualquer forma, a sorte estava do lado dele quando foi adotado por Paul e Clara Jobs, que formavam uma típica família de classe média americana. Desde pequeno, como tinha uma mente inquieta, seus pais adotivos o incentivaram a desenvolver sua curiosidade tecnológica. E foi no porão da garagem dos pais, ao lado de Steve Wozniak, que a mágica começou a acontecer. A dupla, parte nerd, parte rebelde, parte xarope, resolveu criar algo que ninguém na época imaginava: um computador pessoal. Nascia assim a Apple.

O primeiro grande sucesso a colocar a Apple no radar foi o Apple II, um dos primeiros computadores pessoais de sucesso. Lançado em 1977, o Apple II trouxe inovações importantes, como gráficos coloridos e a capacidade de expandir funcionalidades com placas adicionais. Mas o verdadeiro marco foi o Macintosh, lançado em 1984, um computador que revolucionou o design e a interface gráfica. Jobs estava no auge, aclamado como o gênio visionário do Vale do Silício. Entretanto, não era um cara fácil de se trabalhar, costumava tomar decisões ousadas, que nem sempre agradavam a todos. E, por incrível que pareça, em 1985, pasmem, ele simplesmente foi expulso da própria empresa. Como a vida gosta de dar reviravoltas! Imagine a frustração de ser chutado da empresa que criou.

Mas Steve Jobs não era o tipo de pessoa que se deixava abater. Durante o tempo fora da Apple, ele fundou a NeXT — uma empresa que mais tarde seria fundamental para a criação do sistema operacional da própria Apple. Enxergando uma oportunidade, ele comprou a Pixar, na época um pequeno estúdio de animação. Ah, e o que aconteceu com a Pixar? Bem, virou um dos estúdios de animação mais bem-sucedidos do mundo, responsável por sucessos como *Toy Story*. Jobs estava de volta, recuperando o brilho.

Em 1997, quando ele ainda estava fora da Apple, a empresa enfrentou um período difícil. Problemas de mercado e, principalmente, de gestão estavam pondo em risco os negócios. De repente, pegando o mercado de surpresa, a Apple anunciou que estava à beira da falência.

Com a renúncia de pessoas importantes do corpo diretivo, quem eles chamaram de volta? Steve Jobs, é claro. E ele chegou com tudo. Reinventou a empresa com uma série de produtos inovadores, sendo o mais famoso de todos o iPhone. Lançado em 2007, o iPhone não era apenas um celular, mas uma revolução tecnológica, que mudou radicalmente a forma como o mundo se comunica.

Steve Jobs teve uma vida cheia de altos e baixos, mas sempre com um espírito inovador. Ele mostrou que é possível cair e levantar, e comprovou que o fracasso pode ser uma lição. Com mais um toque de genialidade (e uma pitada de teimosia), Jobs iria transformar o mundo mais de uma vez. Você apostaria que aquele garoto adotado, que começou a trabalhar na garagem dos pais, mudaria o curso da história da tecnologia?

Steve Jobs morreu em 5 de outubro de 2011, aos 56 anos, em decorrência de complicações relacionadas a um câncer raro no pâncreas. Ele havia sido diagnosticado com esse tipo específico de câncer em 2004, e ao longo dos anos passou por diversas cirurgias e tratamentos.

Apesar de seu precário estado de saúde nos últimos anos de vida, Jobs continuou trabalhando na Apple, inclusive liderando o desenvolvimento de produtos revolucionários como o iPad e novas versões do iPhone. Em agosto de 2011, já bastante debilitado, renunciou ao cargo de CEO da Apple, vindo a falecer alguns meses depois. *Respect*.

Proteja seu patrimônio e assuma o controle do seu futuro

A vida é cheia de incertezas e, embora possamos controlar muitos aspectos do nosso cotidiano, há situações imprevistas que podem nos pegar de surpresa. Veja o que você pode fazer para minimizar riscos ao seu patrimônio.

• *Reserva para emergências*

Emergências médicas, desemprego ou redução de renda são exemplos de situações que não podemos prever. Por isso, é crucial ter uma reserva financeira que funcione como uma rede de segurança. A falta de uma reserva para emergências pode resultar em situações desafiadoras e levar ao endividamento. Em momentos de crise, você pode precisar usar o limite do cheque especial, recorrer ao cartão de crédito e até mesmo empréstimos. Tudo com juros elevados. Assim, o ideal é que você tenha um fundo de emergência para enfrentar imprevistos, um valor que represente de 6 a 12 meses de suas despesas mensais.

• *Seguro*

O ditado popular "O seguro morreu de velho" destaca a importância de estarmos protegidos para a ocorrência de eventos inesperados. Ter um seguro de saúde adequado é essencial para evitar custos médicos elevados que podem surgir de repente. O seguro para seus bens patrimoniais, como casa e veículos, é fundamental para protegê-lo financeiramente contra acidentes, danos e outras adversidades. A falta de seguro pode deixar você vulnerável financeiramente, transformando situações adversas em grandes problemas econômicos. Portanto, investir em seguros é uma maneira eficaz de proteger seu patrimônio e garantir que você esteja coberto em diferentes situações.

- ***Divórcio e separação***

Falar sobre divórcio pode ser delicado, mas esse é um tema que pode ter um impacto significativo nas finanças pessoais. O divórcio pode levar à divisão de bens, despesas legais e até à necessidade de ajustar o estilo de vida, o que muitas vezes resulta em dificuldades financeiras. No Brasil, a correta escolha do regime de bens no casamento ou união estável é crucial e pode evitar complicações futuras. Os três principais regimes são:

- Comunhão Parcial de Bens: nesse regime, os bens adquiridos durante o casamento são comuns ao casal, enquanto os bens adquiridos antes do casamento ou por herança permanecem individuais.
- Comunhão Universal de Bens: nesse caso, todos os bens adquiridos antes ou durante o casamento são comuns ao casal e divididos igualmente em caso de divórcio.
- Separação Total de Bens: aqui cada cônjuge mantém autonomia total sobre seus bens, sejam adquiridos antes ou durante o casamento, sem comunhão patrimonial.

Muitos casais não discutem adequadamente a escolha do regime de bens antes do casamento, o que pode levar a complicações financeiras substanciais em caso de divórcio. É importante buscar orientação legal para escolher o regime de bens que melhor se adéqua às necessidades do casal, protegendo os interesses de ambas as partes.

CAPÍTULO 7

Como Aumentar Sua Renda

Invista na sua carreira para ganhar mais

Agora nosso foco é falar da sua capacidade de ganhar dinheiro, de "colocar dinheiro pra dentro de casa todos os meses".

Se você é assalariado, saiba que seu emprego vale ouro, basta comparar o líquido que você recebe com o montante que um "rentista" precisa ter aplicado em renda fixa para "empatar" com o que você põe no bolso no final do mês (vamos falar sobre isso mais à frente).

E se você é um profissional liberal, ou trabalha por conta própria prestando serviços ou vendendo produtos, sabe que o seu sucesso profissional e o dinheiro para fechar as contas no fim do mês depende só de você. Mas, me responda: você está satisfeito com a sua renda anual? Como ela se compara com sua renda dos últimos três anos?

Se sua renda atual está, em média, na mesma faixa do que ganhou nos últimos 3 ou 5 anos, saiba que você não está sozinho. Não sei se é o seu caso, mas saiba que não é incomum que as pessoas que se acostumam com uma determinada renda acabem por não mais se preocupar em ir à luta para ganhar mais.

Se isso acontece com você — e você está desconfortável com isso —, um projeto de independência financeira bem estruturado pode ser o estímulo de que precisa para trabalhar mais, vender mais e ganhar mais.

É um jogo de ganha-ganha: aumentando sua renda mensal, você aumenta sua capacidade de se livrar de suas dívidas e pode começar a pensar em investir. Lembra-se daquela equação? Para aumentar sua renda líquida, das duas uma: ou você corta suas despesas ou faz de tudo para ganhar mais!

A primeira coisa que me vem à cabeça é você investir na sua carreira para melhorar sua renda anual.

Você, como todo assalariado, sabe o quanto é difícil dar uma bombada no salário de uma hora para outra. Em geral, a progressão salarial está ligada ao merecimento e acontece aos poucos. Você está realmente interessado em progredir na empresa onde atualmente trabalha?

Então, invista na sua carreira, invista em você! Procure evoluir profissionalmente e, com isso, conquistar uma posição mais relevante na sua empresa, que virá acompanhada de um salário melhor. Talvez seja uma boa ideia investir um pouco do seu tempo para refletir sobre estas questões:

- A empresa onde você trabalha valoriza a meritocracia?
- Ela diferencia os funcionários "*high potential*" dos funcionários "normais"? Se sim, torne-se indispensável, um funcionário exemplar.
- Você conhece a missão e os valores da sua empresa? Acredita neles?
- Você sabe o seu papel dentro da empresa e o que ela espera de você?
- Qual é a avaliação que seus chefes fazem de você e de seu trabalho?
- Essa avaliação coincide com a sua própria avaliação a seu respeito?
- Você tem colegas que fazem um trabalho semelhante ao seu?
- Como se compara a eles em termos de desempenho? Melhor, igual ou pior?
- Você gera lucro para a companhia? Seu setor é centro de lucros (vendas) ou é um centro de custo (contabilidade, auditoria)?

- Se você trabalha em um centro de custo, sabe responder de bate-pronto qual é a real importância do seu trabalho para a empresa?
- Você faria falta para sua empresa caso fosse trabalhar na concorrência?

Na minha visão, esses questionamentos podem indicar o seu grau de vulnerabilidade ou de sucesso dentro da empresa. Seja honesto e reflita sobre eles, pois isso vai ajudar a entender como a empresa "percebe" você e como anda sua moeda de troca.

E já que falamos em moeda de troca, lembre-se da mais forte delas: se você tiver uma boa proposta de trabalho em outra empresa (melhor ainda se for concorrente da sua) não tenha medo de pedir demissão. Se você for mesmo um funcionário indispensável, com certeza vai receber uma proposta do seu empregador atual para permanecer na empresa, certamente acompanhada de promoção e aumento de salário. Em contrapartida, se o seu empregador aceitar sua demissão de bate-pronto, significa que sua posição na empresa não era muito boa — e com isso você terá certeza de que tomou a decisão correta de sair para enfrentar um novo desafio e dar uma alavancada no seu salário.

Preserve seu emprego, ele vale ouro!

Já parou para pensar no real valor do seu emprego atual? Imagine que você ganhe R$ 7.000,00 por mês e que, de uma hora para outra, perca esse emprego e fique sem essa renda. Sabe quanto você precisaria ter de dinheiro aplicado em renda fixa só para conseguir um rendimento financeiro semelhante ao que recebia como assalariado?

Considerando uma taxa de juros líquida de 0,7% ao mês, você precisaria de R$ 1.000.000,00 investido num CDB DI ou fundo de renda fixa! Ou seja, se você perder esse emprego, é como se "perdesse" um milhão de reais e se tornasse um ex-milionário. Já pensou nisso?

Então, dê valor ao seu emprego e fique atento ao que deve e não deve fazer para conservá-lo.

Pelo sim pelo não, saiba que ainda está valendo aquela frase surrada: "Não pergunte o que a empresa pode fazer por você, preocupe-se em focar no que você pode fazer pela empresa. E faça".

Por que as pessoas são demitidas? Difícil generalizar, mas andei fazendo umas pesquisas e aqui vão algumas pistas:

- Desempenho: se você não entrega o que foi prometido, ou seja, se você não faz aquilo pelo qual foi contratado, a empresa vai procurar alguém que faça.
- Falta de proatividade: ser apenas "mais um" no time pode colocar seu emprego em risco. As empresas valorizam quem sugere melhorias e faz mais do que o esperado.
- Estagnação: em um mundo onde a tecnologia e as tendências mudam rapidamente, quem para de aprender está sempre um passo atrás.
- Falta de mentalidade de crescimento: pessoas que não evoluem, não aprendem novas habilidades ou não se adaptam a mudanças ficam para trás. O mercado valoriza as pessoas que estão em constante desenvolvimento e que fazem boas entregas.
- Falta de alinhamento à cultura da empresa: isso pode ser um grande problema. Quem não se adapta ao ambiente, valores e expectativas pode acabar ficando de fora.
- Resistência a feedbacks: se você adota uma postura defensiva e tem dificuldade de receber críticas construtivas isso mina sua imagem perante os gestores e colegas.
- "Rádio-corredor": reclamar do salário ou bônus, revelar informações sigilosas e fazer inconfidências sem medir as consequências é uma roubada. A "rádio-corredor" é implacável com quem fala demais, faz fofoca e dissemina negatividade.
- Falta de networking: muitas pessoas perdem oportunidades e, consequentemente, seus próprios empregos por não investirem em relacionamentos dentro e fora da empresa. Ter uma boa rede de contatos é fundamental.

Tudo o que mencionei está de certo modo ligado à sua postura e desempenho profissional. No entanto, há muitas outras razões pelas quais as pessoas podem perder o emprego. Listo a seguir alguma ligadas ao desempenho da empresa no mercado.

- Perda de mercado: se a empresa onde você trabalha não se adaptar às mudanças do mercado, pode ser obrigada a fazer cortes.

- Tecnologia desatualizada: empresas que não investem em inovação correm o risco de se tornarem obsoletas. Quando isso acontece, é comum haver demissões em massa.
- Concorrência esmagadora: negócios que não conseguem se diferenciar ou são superados pela concorrência acabam fechando. O impacto é inevitável para os colaboradores.

Fique atento aos "*leading indicators*"! Ao notar uma luz amarela acendendo, mexa-se!

#HistorinhaDeBilionário: As histórias de vida de alguns bilionários me fascinam. Elas quase sempre têm um denominador comum: é incrível o vigor e o ritmo de trabalho de muitos deles e a extraordinária determinação e ousadia que demonstram na condução de seus negócios. Particularmente, sou fã de Bill Gates[(8)], o fundador da Microsoft, um dos maiores bilionários do planeta, posição que conquistou muito jovem.

O cara não nasceu em berço de ouro, mas teve uma juventude confortável, com o pai lhe dando retaguarda e pagando seus estudos. Mesmo tendo o privilégio de ganhar uma mesada da família, ele foi à luta muito cedo, com 13 anos de idade já programava computadores e ensaiava os primeiros passos para iniciar uma sociedade que viria se tornar a Microsoft.

Como seria a trajetória de Bill Gates se na sua época já existissem Facebook, Instagram, TikTok e Playstation? Será que ele ficaria perdendo tempo com joguinhos e/ou conversas vazias nas redes sociais? Ou em busca de likes? Sorte que viveu em outra época, quando pôde direcionar sua energia para construir algo útil. Como nerd, deve ter sofrido bullying, o que explicaria algumas de suas frases prediletas.

Conta-se que, certa vez, Bill Gates foi convidado a dar uma palestra numa escola. Chegou de helicóptero, tirou um papel do bolso no qual havia uma "cola" com frases, leu tudo em menos de 5 minutos e foi aplaudido por 10 minutos sem parar. O que estava escrito na colinha roda o mundo pela internet:

- A vida não é fácil, acostume-se a isso.
- O mundo não está preocupado com sua autoestima e espera que você faça algo por ele antes de sentir-se bem com você mesmo.

- Você não ganhará US$ 20 mil por mês ao se formar. E não será diretor de empresa com carro e telefone antes de ter conseguido comprar seu próprio carro, com seu dinheiro.
- Se você acha que seu professor é rude, espere até ter um chefe.
- Vender jornal velho ou trabalhar durante as férias não está abaixo da sua posição social. Seus avós têm uma palavra diferente para isso: oportunidade.
- Se você fracassar, não é culpa dos seus pais. Não lamente seus erros, aprenda com eles.
- Antes de você nascer, seus pais não eram tão críticos como são agora. Eles só ficaram assim por terem que pagar suas contas, lavar suas roupas e ouvir você dizer que eles são “ridículos”. Então, antes de salvar o planeta e de criticar os erros da geração dos seus pais, tente manter o seu próprio quarto limpo.
- Sua escola pode ter eliminado a distinção entre vencedores e perdedores, mas a vida não é assim. Na escola, se você não passar de ano pode ser que tenha outra chance. Isto não se parece com nada da vida real. Se pisar na bola, será despedido. Portanto, faça certo da primeira vez!
- A vida não é dividida em semestres. Você não terá sempre os verões livres e é pouco provável que outros funcionários da empresa onde trabalha o ajudem a cumprir suas tarefas no fim de cada período.
- Seja legal com os seus amigos nerds. É bem possível que você venha a trabalhar para um deles no futuro.

Hoje, afastado do dia a dia da Microsoft, Bill Gates tornou-se o maior filantropo da história da humanidade com a criação da Fundação Bill e Melinda Gates.

Empreendedorismo: os prós e os contras de investir numa franquia

Empreender é uma jornada que traz desafios, mas que também pode abrir portas para inúmeras oportunidades. Se você deseja empreender, mas não quer começar do zero, investir em uma franquia pode ser uma excelente alternativa. Embora esse tipo de investimento não garanta sucesso imediato, contar com a experiência e o know-how do franqueador pode fazer toda a diferença.

Ao investir em uma franquia, você adquire um modelo de negócio já estruturado, contando com o respaldo de uma marca estabelecida e com um histórico de sucesso conhecido. Mas, que fique bem claro: o investimento em franquia apresenta riscos que não podem ser negligenciados.

Assim, antes de escolher uma franquia entre as alternativas existentes no mercado, (i) faça um levantamento criterioso dos custos totais envolvidos, (ii) analise com atenção o suporte oferecido pelo franqueador, (iii) avalie a lucratividade potencial do negócio, (iv) estude a concorrência e (v) assegure-se que o ponto comercial escolhido seja o ideal para o negócio.

Se não fizer nada disso e se deixar levar pelo impulso, você pode acabar enfrentando grandes dificuldades. Já ouviu falar daquele amigo que, após perder o emprego, resolveu investir todo o FGTS e a rescisão contratual em uma franquia de alimentação?

Pois é, no início parecia promissor, mas a realidade do mercado se mostrou bem diferente. Ele logo percebeu que a concorrência era feroz e que o mundo maravilhoso descrito pelo franqueador não era tão encantador assim.

Resultado: o sonho de sucesso rápido virou um pesadelo de custos não previstos e de muitas dificuldades operacionais.

Infelizmente, sobretudo no Brasil, eventos como esse são mais comuns do que se imagina. Assim, se você deseja se aventurar no empreendedorismo com o pé direito, antes de tomar qualquer decisão, tenha em mente a possibilidade de que seu julgamento pode ser influenciado por um fenômeno psicológico chamado viés de confirmação, como alerta o escritor Rolf Dobelli(9) em seu livro *A Arte de Pensar Claramente.*

Esse viés descreve nossa tendência de acreditar e de nos fiarmos apenas em informações que confirmem nossas crenças e nossas opiniões pré-existentes, enquanto ignoramos ou desvalorizamos todos os dados que as contradizem.

Segundo Dobelli, o viés de confirmação pode nos levar a tomar decisões equivocadas quando consideramos apenas as evidências que nos deixam confortáveis, em vez de encarar a realidade de forma mais objetiva. Quando desejamos muito que algo aconteça, reforçamos aquilo que acreditamos ser verdade, sem levar em conta informações que possam desafiar nossas premissas. Fica a dica: considere sempre os prós e contras com o mesmo peso.

Em suma, se você avaliar de forma realista todos os aspectos levantados e fugir do viés de confirmação, estará mais preparado para tomar uma decisão consciente e aumentar suas chances de sucesso no mundo do empreendedorismo.

O que você deve fazer antes de se decidir por uma franquia

- Escolha franquias consolidadas: prefira marcas com boa reputação, pois isso pode atrair clientes de forma mais rápida e eficiente, facilitando sua entrada no mercado e reduzindo o tempo necessário para consolidar o negócio.
- Suporte do franqueador: franquias oferecem suporte contínuo em áreas como marketing, treinamento e gestão operacional, o que é fundamental para empreendedores de primeira viagem. O seu fraqueador oferece tudo isso? Procure extrair o máximo de informações dos franqueados existentes, como dados de lucratividade, ponto de equilíbrio e postura do franqueador com os franqueados.
- Analise os custos iniciais: além da taxa de franquia, avalie gastos como aluguel, IPTU, reforma do ponto comercial, contratos, licenças, folha de pagamento e estoques.
- Capital de giro: é essencial calcular corretamente o capital de giro necessário para desenvolver a operação até que a franquia atinja o ponto de equilíbrio. Como em qualquer negócio, há um período de maturação, e o retorno do investimento pode demorar mais do que o previsto. Se faltar capital de giro e for preciso recorrer a empréstimos, com os juros atuais, dificilmente o negócio vai se pagar.
- Conheça o negócio de perto: quem vai tocar o dia a dia do negócio? Será você mesmo ou vai delegar para outra pessoa? Seja quem for, entender bem o modelo de negócios e o segmento é crucial para o sucesso.
- Escolha bem o ponto comercial: um bom ponto comercial faz toda a diferença. Facilidade de acesso, estacionamento e ausência de concorrentes próximos são fatores-chave a considerar.
- Vocação da franquia: avalie se a franquia escolhida está alinhada com o público da região onde será instalada.

Onde investir? Que segmentos apresentam oportunidades interessantes? Veja a seguir tudo o que andei pesquisando.

Embora performance passada não seja garantia de sucesso no futuro, é melhor olhar com atenção os segmentos de melhor desempenho.

Na data da redação deste livro, ainda não havia dados de performance relativos ao ano de 2024. Mesmo assim, vale dar uma conferida nos dados de 2023.

De acordo com a Pesquisa de Desempenho do Franchising 2023, realizada pela Associação Brasileira de Franchising (ABF) no 4º trimestre de 2023, os cinco segmentos que mais cresceram em 2023 foram:

Segmentos	Crescimento em 2023
Alimentação – Food Service	+16,9%
Hotelaria e turismo	+16,0%
Serviços e outros negócios	+15,9%
Saúde, beleza e bem-estar	+15,0%
Entretenimento e lazer	+15,0%

Quer saber quais são as maiores franquias do Brasil? Uma simples pesquisa no Google vai revelar informações interessantes relativas ao ranking (os dados de 2024 ainda não estavam disponíveis na data em que escrevo).

- ***Cacau Show***

A Cacau Show mantém-se na liderança do ranking da ABF (Associação Brasileira de Franchising) das 50 maiores redes de franquias do país.

- ***O Boticário***

Em 2023, O Boticário foi a segunda maior franquia do Brasil, com 3.689 unidades.

- ***McDonald's***

Em 2023, o McDonald's foi a terceira maior franquia do Brasil, com 2.662 unidades.

- ***Colchões Ortobom***

Em 2023, a Colchões Ortobom foi a quarta maior franquia do Brasil, com 2.380 unidades.

Conclusão: investir em uma franquia pode ser uma excelente opção de negócio, desde que o investimento seja feito com todo cuidado, planejamento, estudo e decisões bem fundamentadas.

Lembre-se, empreender não é só acreditar em um sonho, implica em fazer as escolhas certas que possam levar você ao sucesso.

Desvendando novas fontes de renda

Se você é assíduo nas redes sociais, com certeza já deve ter tido acesso a "receitas" infalíveis para obter renda extra. Mas, sendo bastante franco, na maioria das vezes as recomendações dos influenciadores mal passam do básico, como por exemplo fazer bolos e brigadeiros para vender e outras platitudes. Na minha visão, o buraco é mais embaixo.

Lembra-se do que falamos anteriormente sobre o envolvimento e colaboração de todos os membros da família no seu projeto de segurança e liberdade financeira?

Explore as habilidades e capacidades individuais de cada um e ficará surpreso com o resultado. Faça bolos e brigadeiros também, mas bote a cabeça para pensar em atividades que podem ser muito mais recompensadoras.

Mas, antes de explorar as inúmeras possibilidades de gerar renda por meio de novos trabalhos ou atividades, preciso que faça um favor a você mesmo. Foque suas energias para gerar renda imediata vendendo tudo o que não está mais usando.

Coloque no seu radar: desfazer-se de imóveis, ativos e bens não essenciais pode gerar recursos adicionais para você gerar caixa, seja para investir, seja para reduzir suas dívidas. Primeiro procure se desfazer dos bens que tenham mais liquidez e que podem ser mais fáceis de converter em dinheiro rapidamente.

Desapegar é a palavra de ordem. Além de ativos e bens, venda tudo o que possa valer algum dinheiro no mercado de segunda mão. Se possuir qualquer joia de ouro — que não usa mais por questões de segurança — tem dinheiro nas mãos. Venda seu ouro em qualquer quiosque de shopping. Até ouro de dentista tem valor. Tem milhas do cartão de crédito? Procure empresas que as comprem e paguem em dinheiro. Use sua imaginação e surpreenda-se.

Saiba que não é só a venda de coisas "não essenciais" que geram caixa, na verdade é possível fazer uma baita economia cortando alguns dos seus gastos miúdos.

Cruzada contra o desperdício: mude seus hábitos sem perder qualidade de vida

Você pode "descolar" um bom dinheiro adotando algumas mudanças de hábitos que não vão alterar em nada sua qualidade de vida. Na verdade, alguns hábitos podem estar custando caro, em termos de saúde e, mais do que isso, estão afastando oportunidades para você prosperar.

Vamos analisar um exemplo concreto? Não é todo mundo que repara, mas quase sempre sobra um ou mais pãezinhos no café da manhã de algumas casas. As pessoas, não raro, estão acostumadas a pedir a mais. No dia seguinte, o destino do pão (duro) que sobrou é o lixo. O problema é que, hoje, um único pão francês custa perto de R$ 1,50. Pense nisso em termos anuais!

Outra coisa. Já reparou que nos filmes americanos tem sempre alguém chegando ao escritório e pegando o elevador com um copo de café na mão? Você também tem o hábito de comprar um café delivery na cafeteria ao lado do seu escritório? Ou toma café em casa? Durante o dia quantos cafés você toma? Consegue deixar de tomar pelo menos um café ao dia? Se sim, fará uma economia de mais ou menos R$ 11,50 todos os dias úteis.

Você é fumante? Um maço de Marlboro por dia? Pare de fumar: além do inegável ganho em saúde, sua economia mensal será da ordem de R$ 280,00.

Então, minha proposta é calcular o impacto no seu orçamento considerando a possibilidade de você dar mais valor ao seu dinheiro a fim de prosperar.

Assim, se não desperdiçar pão, se parar de fumar e se deixar de tomar um café por dia, você consegue acumular uma fortuna ao longo da sua vida. Veja quanto dá de economia por mês.

- Deixar de desperdiçar um pão por dia: R$ 1,50 x 30 dias: R$ 45,00 por mês

- Parar de fumar o seu Marlboro: R$ 280,00 por mês
- Um café a menos por dia, durante 22 dias, a R$ 11,50 cada: R$ 253,00

  Soma no mês: R$ 578,00

Agora imagine o impacto dessa economia ao longo de uma vida. Ao investir a cada mês toda a economia que conseguiu, R$ 578,00 por mês, durante 10, 20 ou 30 anos, com juros reais de 6% ao ano, você terá um superprêmio pela adoção de hábitos saudáveis e pelo controle de desperdício.

1 ano	10 anos	20 anos	30 anos
R$ 7.159,00	R$ 94.367,00	R$ 263.363,00	R$ 566.010,00

Antes que você me diga que não come pão, não toma café e não fuma, eu lhe digo duas coisas. Parabéns por não fumar e por não jogar dinheiro no ralo.

Então, use sua criatividade para encontrar o seu próprio Fator Café®. Com certeza vai conseguir identificar alguns gastos miúdos que você faz sem perceber e que vai poder eliminar. O que é Fator Café®? Explico mais à frente.

Lembre-se sempre: nenhum gasto mensal é insignificante quando considerado em termos anuais. Imagine então em 30 anos. Mãos a obra, vale pensar no assunto.

Explorando mais oportunidades para gerar renda extra

Analise estas sugestões para você complementar renda e alcançar seus objetivos mais rapidamente, ao mesmo tempo em que investe na sua carreira.

- **Freelancer na sua área de especialização:** se você tem habilidades específicas em sua área de trabalho, considere oferecer serviços como freelancer. Isso pode incluir redação ou revisão de textos, design gráfico, programação, entre outros. E se você é craque em programação, considere desenvolver aplicativos ou softwares e vendê-los na App Store, Google Play ou para empresas.

- **Consultoria:** se você tem conhecimento especializado em um determinado assunto, considere oferecer serviços de consultoria. Isso pode ser feito em tempo parcial, através de reuniões virtuais ou presenciais, dependendo da sua área de atuação.
- **Trabalho sazonal ou temporário:** dependendo da época do ano, há muitas oportunidades para trabalhos sazonais, como empregos temporários em lojas durante as festas de fim de ano ou em eventos sazonais.
- **Trabalho em bares e restaurantes:** durante o ano letivo, muitos jovens costumam trabalhar meio período como garçom, para pagar a faculdade. E período integral nas férias de verão. Nos Estados Unidos e Europa isso é muito comum. Um dos meus filhos, o caçula, trabalhou como garçom num renomado restaurante na região da Avenida Paulista, o Spot, frequentado por famosos e pessoas descoladas. Estudava de manhã e trabalhava à noite. Lá, circulava com naturalidade entre uma clientela elitizada e o pessoal que punha a mão na massa, como cozinheiros e baristas. Exatamente o mesmo tipo de dinâmica que vive hoje na sua empresa de eventos e cenografia: lidando com pessoas mais simples como marceneiros e montadores até clientes exigentes, como diretores de grandes corporações. Já o filho do meio, depois de formado pela ESPM, conseguiu um estágio numa agência de propaganda em Londres e, para complementar sua renda, trabalhava à noite num bar como garçom. Servia bebidas, lavava pratos e copos, lavava o chão nos finais de noite e até mesmo ajudava a apartar eventuais brigas de bêbados. Para voltar para casa de madrugada, quando o metrô já havia fechado, em vez de percorrer a longa distância a pé, calçava seus patins que havia colocado na mochila e voltava patinando, deslizando pelas ruas desertas. O filho mais velho, diferentemente dos irmãos mais novos, não trabalhou como garçom, mas viveu uma experiência única nos Estados Unidos. Também trabalhou duro. Aos 16 anos, passou um ano na casa de uma família no Novo México. Durante esse intercâmbio estudantil, nas férias, trabalhou temporariamente numa fazenda, ajudando os peões no manejo do gado e na alimentação dos animais. Foi ali que aprendeu a laçar bois, uma habilidade marcante que até hoje lhe traz boas lembranças de um tempo repleto de desafios e aprendizados. Hoje, formados e

bem empregados, todos eles são unânimes em afirmar o quanto esse tipo de experiência foi importante para a formação de sua personalidade. Aprenderam a dar valor ao dinheiro.

- **Serviços de entrega ou delivery:** além de poder exercer a atividade de motorista por aplicativo em tempo parcial, você pode considerar trabalhar como entregador para restaurantes locais, empresas de entrega de comida e, principalmente, empresas de venda de produtos on-line. Que tal trabalhar para o Mercado Livre? Funciona assim: você escolhe em quais dias e horários quer fazer entregas na sua cidade. Todos os dias haverá pacotes de compradores para entregar. Você recebe as ofertas de percursos, as tarifas que vai receber e a duração estimada. Para facilitar sua vida, você vai coletar todos os pacotes em um único ponto de coleta. E tem liberdade para aceitar só os que preferir. Entre quarta e sexta-feira cairá na sua conta Mercado Pago o dinheiro dos serviços prestados da semana anterior. Fique atento também aos movimentos da Amazon, que em breve lançará um programa para credenciar pequenas empresas de entregadores para ampliar seu serviço próprio de entrega de mercadorias. O programa até já tem nome: Amazon Logistics. Ainda não é o Amazon Flex, o serviço de entrega de pacotes nos EUA e Canadá que utiliza motoristas independentes freelancers (também conhecidos como "Amazon Flex Drivers") para entregar encomendas da Amazon em seus próprios veículos. Eles também têm a flexibilidade de escolher seus próprios horários de trabalho e são pagos por entrega realizada. Esse programa é especialmente ativo durante períodos de alta demanda, como o Natal e outras datas festivas, quando a Amazon precisa de mais capacidade de entrega para dar conta do volume de pedidos.
- **Ensino on-line:** além de dar aulas particulares de inglês, português, matemática e outras disciplinas, você pode explorar outras habilidades que possui e oferecer cursos on-line. Hoje em dia há inúmeras plataformas que facilitam a criação e venda de cursos.
- **Ensino presencial:** tem talento musical? Que tal dar aulas de violão ou piano?
- **Personal training e educação física:** você tem formação nessas áreas? Além de seu trabalho fixo, considere atuar como freelancer em uma academia perto de sua casa. Ou dê aulas particula-

res como personal trainer: tênis, natação, ginástica funcional, yoga, musculação, pilates. Algumas dessas atividades não exigem formação em educação física, basta um diploma de curso especializado.

- **Passear com cachorros:** há famílias que adoram cachorros. Mas, não raro, nenhum membro da família tem tempo (ou vontade) para levar os cachorros para passear pelo bairro. Essa é uma atividade em expansão, pesquise. Se você gosta de animais, trata-se de uma oportunidade boa para aumentar seu caixa.
- **Crianças na escola:** mesmo com todas as facilidades geradas pelo home office, muita gente não encontra tempo para levar e buscar as crianças na escola. Não podendo ter um motorista particular, a opção seria contar com um taxista ou motorista por aplicativo. Problema: não é fácil achar alguém fixo e de confiança. Se você tem horários flexíveis e carro próprio, está aí uma grande oportunidade. E se já tem netos, pode chamar o serviço de Disque Vovó.
- **Idosos:** quanto mais a população envelhece, mais gente enfrenta problemas de locomoção. Muitos idosos não querem ou não podem mais dirigir. E, para piorar, não é todo mundo que tem plano de saúde que oferece exames laboratoriais e de imagem em domicílio. Quem não tiver filhos, netos ou familiares para levar para lá e para cá precisa recorrer a táxi ou motorista por aplicativo. Se você tem carro próprio e jeito para lidar com idosos, pode fazer o papel de motorista particular e acompanhante. É $$$ para seu caixa.
- **Baby-sitter:** muito comum nos Estados Unidos e Canadá, baby-sitter é a pessoa que ganha para tomar conta de crianças por um prazo limitado de tempo na ausência dos pais ou responsáveis. Se você mora cercada de vizinhos que têm filhos ou netos pequenos, ofereça seus serviços de babá (desde que goste de crianças e tenha jeito para lidar com elas) enquanto os pais pegam um cineminha ou jantam fora.
- **Vendas on-line:** procure oportunidades de revenda de produtos nacionais e importados que tenham boa margem de lucro, como eletrônicos, roupas de marca, acessórios etc. E mais: você tem habilidade para fazer artesanato? Já fez ou toparia fazer um curso de corte e costura para produzir e vender peças de vestuário exclusivas? Explore plataformas de venda on-line,

como o Mercado Livre e a Amazon, para vender os produtos que você fabrica ou revende.

- **Costuras e consertos:** você tem uma máquina de costura Singer? Aprendeu a costurar com sua mãe ou sua avó? Gosta e leva jeito para costurar? Se sim, tem ouro nas mãos. A vida inteira assisti minha avó materna costurando na sua Singer para a família inteira e para os vizinhos. Garanto que a economia foi imensa, suficiente para ela sempre ter um dinheirinho guardado para emprestar para filhos, netos e uns poucos parentes quebrados. Hoje há muitas empresas de sucesso fazendo pequenos consertos em roupas. Herdou um monte de "roupas que não acabam" do primo rico? Dá-lhe ajuste de cintura e barra. Transforme essa atividade amadora em atividade profissional, afinal a gente sempre tem uma hora de folga. Sucesso!

Bolos e brigadeiros: você é craque na cozinha? Então siga as recomendações dos influencers, haha. Aceite encomendas de brigadeiros, docinhos diversos e salgadinhos, tudo sob encomenda. Dá um trabalhão danado, mas pode valer a pena. E já que está com a mão na massa, esmere-se na produção de bolos de aniversário. Faça bolos usando bons ingredientes, ofereça uma ampla variedade (bolo mármore, formigueiro, chocolate, laranja, fubá) e procure tornar-se um fornecedor regular de salões de beleza, academias e até mesmo de petshops. A propaganda é a alma do negócio. Mapeie todos esses estabelecimentos perto de você e ofereça uma amostra grátis. Se mora em prédio, tire uma bela foto e anuncie no mural dos condôminos. Agora, como cereja do bolo, fuja do lugar comum. Além dos bolos básicos, faça bolos temáticos, de acordo com a vontade do freguês: campos de futebol, bolos de heróis, bonequinhos etc. Domine o uso de pasta americana e tire ideias dos programas do tipo *Masterchef*. É o que eu chamo adicionar valor agregado em cada item. Bolo de fubá qualquer um faz e custa barato. O seu não, é um bolo para vender bem caro. Assim vai ganhar muito dinheiro.

- **Aluguel de imóvel:** se você tem espaço extra em sua casa ou apartamento, considere alugar um quarto em plataformas como Airbnb. Ou até mesmo alugar sua casa inteira enquanto estiver fora. Isso pode gerar uma renda adicional significativa.

O céu é o limite. Use sua imaginação, vá à luta.

Networking: você precisa saber mais sobre o real significado dessa palavra

Networking é muito mais do que uma palavra para designar uma extensa lista de contatos. Networking é a arte de cultivar relacionamentos autênticos e duradouros. A palavra é a união dos termos em inglês “net” (rede) e “working” (trabalhando). No mundo dos negócios, é usada para dimensionar, qualificar ou quantificar a rede de contatos de uma pessoa. Essas conexões podem vir de colegas de trabalho, mentores, clientes, professores, amigos e até mesmo de contatos feitos em eventos ou conferências.

O verdadeiro valor do networking reside na troca de conhecimento, experiências e oportunidades que esses relacionamentos proporcionam. De modo geral, as pessoas com bom networking são bem informadas e antenadas. Uma das grandes vantagens de se investir em networking é o acesso a informações de qualidade e oportunidades de carreira que podem não estar disponíveis de outra forma. Por meio de uma rede de contatos robusta, você pode saber de vagas de emprego antes que venham a público e receber recomendações valiosas que possam aumentar suas chances de sucesso em processos seletivos.

O networking é uma via de mão dupla. Ao construir relacionamentos sólidos, você também se torna uma fonte de valor para seus contatos. Ao compartilhar suas próprias experiências, oferecendo conselhos ou conectando pessoas que possam se beneficiar umas das outras, fortalece seus laços e consolida sua reputação como profissional confiável e colaborativo.

Vivemos em um mundo cada vez mais interconectado e dinâmico, e o networking tornou-se não apenas uma ferramenta útil, mas essencial para o sucesso profissional em qualquer estágio da carreira. Seja você um recém-formado buscando oportunidades de trabalho ou um profissional experiente consolidando sua posição, cultivar e manter uma rede de contatos sólida pode abrir portas e impulsionar sua trajetória profissional de maneiras inimagináveis. E salvá-lo de situações complicadas que podem acontecer com qualquer um, como a demissão.

Ter um bom networking não é apenas uma vantagem, mas uma necessidade no mundo profissional de hoje. É um investimento contínuo que pode abrir portas, impulsionar sua carreira e até mesmo transformar sua vida profissional. Portanto, dedique tempo e energia para cultivar e nutrir sua rede de contatos, seja qual for o estágio em que você se encontra na sua carreira.

Por que estamos falando de networking aqui? Porque isso contribui para sua segurança profissional. Seu projeto de liberdade financeira pressupõe um fluxo contínuo de aportes ao longo do tempo — e se esse fluxo for interrompido por conta de uma perda de emprego, a acumulação da sua reserva pode ser prejudicada. Um bom networking facilita a conquista de uma nova posição no mercado de trabalho, caso precise se recolocar ou voar mais alto.

Networking se faz todos os dias. Sabe aquela moça simpática que faz esteira e step ao seu lado na academia? Ela pode ser uma executiva de contas de um banco de investimentos. Aquela jovem "descolada" que você encontra no cabeleireiro unissex pode ser gerente de produtos da Unilever.

Portanto, dê mais atenção ao seu networking. Onde estão os seus antigos colegas de faculdade? Nem todos eram nerds, mas os nerds para os quais você não dava muita bola podem hoje ser dirigentes de multinacionais ou diretores de bancos. Deixe a timidez de lado, entre em contato sem pedir nada, ligue só para saber como estão. Você pode dar boas risadas e, quem sabe, até mesmo identificar interesses comuns. Use e abuse das redes sociais, principalmente LinkedIn, Instagram e Facebook.

CAPÍTULO 8

Educação Financeira e Planejamento de Investimentos

Investir em educação financeira não é um capricho, é uma necessidade. É o primeiro passo para você tomar decisões inteligentes sobre suas finanças. Imagine poder manter uma saúde financeira sólida e evitar os problemas de dinheiro que tantos enfrentam ao longo da vida. Parece bom, não é? Pois é exatamente isso que a educação financeira pode proporcionar.

O contrário também é verdadeiro: a falta de conhecimento sobre como gerenciar dinheiro pode levar a decisões ruins, e você já viu as consequências disso em muitas histórias reais que apresentamos aqui. Ao investir em sua educação financeira, você estará se armando contra os imprevistos e os desafios do mundo financeiro.

Educação financeira: a chave para prosperar

Você já percebeu como algumas pessoas têm mais facilidade para lidar com dinheiro? Isso acontece por conta de uma assimetria de conhecimento — quem esta mais familiarizado sobre finanças pessoais está em vantagem em relação a quem não teve acesso a essa educação.

Infelizmente, a maioria de nós não aprendeu na escola como gerenciar dinheiro, investir ou se preparar para o futuro. Mas esse conhecimento é essencial para evitar dívidas, construir uma reserva de emergência e alcançar seus objetivos financeiros. A boa notícia é que nunca é tarde para começar.

Educação financeira não é sobre enriquecer rápido, mas sobre consistência, criar bons hábitos e se planejar para o futuro. Com o conhecimento certo, seus sonhos — como ter uma casa própria ou garantir uma aposentadoria tranquila — podem se tornar realidade.

Se você está comprometido em aprimorar sua educação financeira, aqui estão algumas recomendações indicadas para começar:

Livros

Há muitos livros de finanças pessoais que abordam desde conceitos básicos até estratégias avançadas de investimento. Comece lendo alguns destes best-sellers:

- *Pai Rico, Pai Pobre*, de autoria de Robert Kiyosaki[(2)], teve mais de 30 milhões de cópias vendidas em 80 países (9 milhões de livros no Brasil). A obra se tornou referência em educação financeira. O livro mostra, em linguagem simples, como as pessoas ricas lidam com dinheiro e o modo como transmitem conhecimento a seus filhos. Robert Kiyosaki, que usa sua própria vivência na narrativa, é filho de um funcionário público que, apesar de ser inteligente e honesto, nunca havia conseguido atingir a independência financeira. Ele é o pai pobre. Em contrapartida, o pai rico é representado pelo melhor amigo do escritor, um comerciante que conseguiu construir grande riqueza devido à forma como lidava com dinheiro e que ensinou a ele tudo sobre finanças. Foi Robert Kiyosaki que criou a expressão "Corrida dos Ratos" para ilustrar o círculo vicioso em que muitas pessoas se encontram com relação a suas finanças, trabalhando duro para ganhar dinheiro, gastando quase tudo ou até mais do que ganham, acumulando dívidas e permanecendo presas ao mesmo estilo de vida sem alcançar a verdadeira liberdade financeira.

- *O Homem Mais Rico da Babilônia*: esse livro é uma leitura um pouco diferente. De autoria de George S. Clason[4], é um guia atemporal sobre finanças pessoais, apresentado por meio de parábolas e histórias ambientadas na antiga Babilônia. Clason fala de princípios financeiros sólidos e de como é importante economizar regularmente e investir. As lições simples, mas poderosas, são aplicáveis em qualquer época e lugar. Fácil de ler e de comprar pela internet.
- *Os Segredos da Mente Milionária*: outro clássico, escrito pelo empresário americano Tijani Harv Eker[10], conhecido por seus livros sobre sucesso financeiro e mindset. T. Harv Eker, defende a substituição de crenças negativas relativas ao dinheiro por ideias positivas. A ideia principal deste livro é mostrar como a mudança de mentalidade pode ajudar você a atingir seus objetivos financeiros.
- *Fique Rico, Mesmo Começando Tarde*, também *O Fator Café®: Como Economizar Dinheiro, Enriquecer e Viver Seus Maiores Sonhos* e ainda *Milionário Automático*: todos esses best-sellers são de autoria de David Bach[11], um escritor com longa e comprovada trajetória profissional de sucesso nos Estados Unidos. Bach costumava participar do programa *The Oprah Winfrey Show*, apresentando na TV suas estratégias para a conquista da riqueza, contando com o testemunho de pessoas que aplicaram seu método e ficaram ricas. Em seus livros, você encontra estímulo para começar a poupar, dicas para obter aumento de salário e encorajamento para começar uma atividade paralela. Muitas de suas dicas, como o Fator Café®, você vai conhecer aqui, mais à frente.
- *Quem Pensa Enriquece*: o título é meio ambicioso, mas vamos lá. O livro é antigo, mas um mega best-seller, com mais de 30 milhões de exemplares vendidos no mundo. O autor, Napoleon Hill[12], conta o que aprendeu ao acompanhar de perto a ascensão de 500 das maiores fortunas do mundo, como as de Henry Ford, Theodore Roosevelt, King Gillette e John Rockefeller. O livro traz 15 características comuns a todos esses grandes vencedores e tenta ensinar como você poderia agir para se tornar um deles.
- *Casais Inteligentes Enriquecem Juntos*: para surpresa de ninguém, o autor, Gustavo Cerbasi[13], afirma que o dinheiro é um dos principais problemas em brigas de casal e, para ele, é jus-

tamente a falta de conversa sobre o assunto que causa a maioria dos conflitos. No livro, Cerbasi sugere estratégias para formar uma parceria inteligente na administração das finanças da família. Outros pontos abordados incluem os benefícios de um planejamento financeiro de longo prazo, planos de previdência e seguros, e como lidar com a herança.

- *O Poder do Hábito*: no livro, o autor, Charles Duhigg[(14)] afirma que mudar nossos hábitos para melhor fará com que tomemos decisões mais eficientes no dia a dia. A chave do sucesso é entender como os hábitos funcionam — e eliminar ou transformar nossos hábitos financeiros ruins em hábitos que nos tragam prosperidade.

Podcasts

Hoje em dia há muitos podcasts voltados exclusivamente a temas relacionados à educação financeira. Eles oferecem dicas práticas, entrevistas com especialistas e discussões sobre investimentos, orçamento, economia e outros tópicos relevantes. Experimente ouvir os podcasts do *Dinheiro em Pauta* e do blog *Geração de Valor*.

TV e Internet

Programas de televisão e canais do YouTube também são fontes populares de educação financeira. Algumas emissoras de TV têm programas dedicados a esse tema, enquanto canais do YouTube oferecem uma variedade de conteúdos, desde vídeos informativos até entrevistas com especialistas. Há vários canais do YouTube com uma legião incrível de seguidores.

Cursos

Há uma variedade de cursos on-line e presenciais disponíveis para quem deseja aprofundar seus conhecimentos em finanças pessoais e investimentos. São oferecidos por instituições financeiras, universidades, escolas especializadas e plataformas de ensino on-line. Alguns são gratuitos, outros são pagos.

Faculdade

Para quem deseja um conhecimento mais aprofundado em finanças, existem cursos de graduação e pós-graduação em áreas relacionadas, como Administração, Economia, Ciências Contábeis e Finanças. Se você gosta da área de tecnologia, procure saber mais sobre o Instituto de Tecnologia e Liderança (Inteli), uma instituição de ensino privada, localizada em São Paulo, que visa oferecer formação superior para estudantes na área de Tecnologia, com ênfase em Computação, Negócios e Liderança.

Como você pôde notar, a educação financeira está ao alcance de todos, e com pequenos passos, é possível aprender a controlar suas finanças e tomar decisões mais seguras. Portanto, invista em seu aprendizado. Esforce-se e incorpore ao seu dia a dia um compromisso com a leitura de conteúdos ligados à educação financeira.

E lembre-se dessas palavras cunhadas por Charlie Munger (falecido em 2024), sócio e guru de Warren Buffett, megainvestidor americano.

"As pessoas de sucesso nem sempre são as mais inteligentes, mas elas são verdadeiras máquinas de aprender. À noite, quando vão se deitar, quase sempre estão um pouco mais sábias do que quando levantaram pela manhã."

O plano definitivo para você conquistar sua liberdade financeira

Imagine a seguinte situação: você decide comprar uma Smart TV, mas não tem dinheiro para pagar à vista. A solução é fazer um crediário para realizar esse desejo. Na sua cabeça, o benefício imediato de levar a TV para casa — e imediatamente começar a curtir suas séries na Netflix — compensa o sacrifício de acrescentar mais uma prestação no seu orçamento durante algum tempo.

De fato, não é muito difícil enfrentar um sacrifício financeiro durante um prazo curto, pois o benefício é imediato e tangível. No entanto, é muito mais desafiador manter sacrifícios financeiros por longos períodos, especialmente quando os benefícios parecem distantes ou incertos.

Está mais do que provado: o sacrifício precisa ser coerente com o benefício a ser alcançado. Assim, para um alto nível de sacrifício, o benefício precisa estar bem próximo, como no caso da compra da sua Smart TV. O prazer imediato torna o esforço mais suportável.

Em contrapartida, quando o benefício perseguido está longe no tempo, não é prudente fazer grandes sacrifícios imediatos. Tudo o que é muito forçado ou desproporcional tende a não funcionar a longo prazo. Longos esforços sem recompensas a curto prazo podem gerar frustração e abandono do projeto.

Por isso, se você deseja se comprometer com um projeto de conquista da sua liberdade financeira no longo prazo, é fundamental que comece de forma gradual, de acordo com suas possibilidades financeiras imediatas.

O segredo está na constância e na progressão. Comece poupando pequenos valores que não impactem drasticamente o seu orçamento. Com o tempo, conforme você for se acostumando com o hábito de poupar, aumente gradualmente o valor economizado todos os meses. Essa abordagem tornará o processo mais sustentável e menos doloroso.

Além disso, ao começar de forma leve, você tem a oportunidade de ajustar sua estratégia conforme necessário. Talvez você descubra novas fontes de renda, reduza gastos desnecessários ou encontre investimentos mais rentáveis. Tudo isso contribuirá para que seu projeto de liberdade financeira seja mais eficaz e alinhado com suas metas pessoais.

Portanto, tenha paciência e seja perseverante. Pequenos passos podem levar a grandes conquistas ao longo do tempo. A liberdade financeira é uma jornada, e cada decisão consciente que você toma hoje é um passo em direção a um futuro mais seguro e independente.

Comece seu plano de liberdade financeira agora, focando nas iniciativas importantes do tempo presente, com a certeza de que será recompensado no amanhã.

Aliás, o amanhã chega mais rápido do que você imagina. O que vem a seguir ilustra bem essa afirmação. Pergunto: você sabe qual é o principal conselho que as pessoas mais velhas gostariam de ter recebido quando eram jovens? Se respondeu "comece a poupar desde cedo", acertou.

Quanto mais cedo você começar a poupar, mais fácil será alcançar sua meta de reserva financeira. Isso porque, com mais anos à frente para atingir seu objetivo, menor será o valor que precisará investir mensalmente.

Não é preciso uma bola de cristal para prever o futuro financeiro de muitos brasileiros. As pesquisas mostram o que já sabemos: as pessoas estão vivendo mais e, ao final de suas vidas, não terão uma reserva financeira suficiente para manter o padrão de vida a que estavam acostumadas.

Para você ter uma ideia, em 1960 a expectativa de vida do brasileiro era de 60 anos. Agora, em 2024, estima-se que esteja acima de 75 anos. Com essa maior longevidade, aumenta a cada dia o número de pessoas que ficam financeiramente "quebradas" na velhice, tornando-se dependentes de filhos, netos ou parentes.

"*Você vive em um país onde até o passado é incerto.*" Essa frase, atribuída ao ex-ministro da Fazenda Pedro Malan, nos faz pensar: se até o passado é incerto, o que dizer do futuro? E mais: o quanto estamos realmente preparados para lidar com essa incerteza?

No Brasil, a realidade de muitos é a vulnerabilidade financeira na velhice, uma estatística alarmante que poderia ser evitada com um pouco mais de planejamento. Por isso, a mensagem é clara: não deixe seu futuro nas mãos do acaso. Comece agora a construir sua independência financeira, com um plano de poupança sólido e de longo prazo. Seu futuro agradece!

E tem mais: confiar apenas na previdência oficial não é uma boa ideia, pois não vivemos na Suécia, Noruega ou Dinamarca. O governo não cuidará de você na velhice e a aposentadoria do INSS não será suficiente para garantir uma vida digna na terceira idade, o que pode levar muitos pais a dependerem financeiramente dos filhos.

No caso dos avós, a situação financeira pode ser ainda mais precária. Considerando que seus pais nem sempre poderão ajudar, muitas vezes a responsabilidade recairá sobre os netos (como você, que pode ter outras prioridades).

Então, mova-se e encare esse grande desafio com seriedade. Prove a si mesmo que é capaz de reescrever seu futuro. Jamais perca de vista sua meta: tornar-se financeiramente independente, com uma renda diversificada (juros e rendimentos financeiros, dividendos, aluguéis) que lhe permita desfrutar de um bom padrão de vida — no presente e na aposentadoria — sem depender de ninguém.

É possível fazer isso mesmo saindo de um período difícil? Sim, é apenas uma questão de tempo: investindo regularmente e controlando seus gastos, os juros compostos farão o resto do trabalho.

Aprender a desfrutar da sua boa condição financeira durante toda a jornada é a garantia de que você levará o seu projeto até o fim. Afinal, de nada adianta sacrificar-se financeiramente todos os meses se você não tiver qualidade de vida.

Mesmo durante o período mais difícil — aquele primeiro ano em que você precisa focar em reorganizar drasticamente sua vida financeira e pagar suas dívidas — mantenha os hábitos simples que fazem bem à alma, como convidar amigos para um churrasco em casa de vez em quando, passear ou fazer atividade física no parque, tomar caldo de cana e comer pastel na feira, andar de bike na ciclovia nos finais de semana e, sempre que possível, pegar um cineminha com a família. Vamos desenvolver esse tema mais à frente.

Começou a sobrar algum dinheiro para poupar? Muito cuidado nessa hora. O grande erro que você pode cometer é se entusiasmar e reservar uma quantia alta demais para direcionar para seu plano de acumulação de riqueza. No primeiro imprevisto que tiver — e faltar dinheiro — você já vai se questionar: “Será que dá para continuar?” Então, o segredo é pensar direitinho no que fazer. Se você conseguir manter seus sonhos e desejos no radar, fica mais fácil e estimulante torná-los realidade. Pense sempre no seu objetivo maior: a conquista de sua independência financeira.

Da teoria para a prática: como fazer e por onde começar seu plano

Tenho visto alguns influencers defendendo fórmulas no mínimo controversas para as pessoas fazerem uso do dinheiro que ganham, separando uma parte para cobrir seus gastos essenciais e outra parte para seu projeto de liberdade financeira.

Uma delas é dividir a renda líquida na proporção 70/30. A ideia é que você destine 70% para cobrir seus gastos essenciais atuais e os demais 30% para as suas metas do amanhã. Ou seja, se você tem uma renda líquida mensal de R$ 10.000,00, seus gastos essenciais mensais não deveriam ultrapassar R$ 7.000,00.

Francamente, essa sugestão está muito longe da realidade atual dos brasileiros. Posso apostar que a maioria das pessoas que estão lendo esse livro — ou que estão lendo outros livros de educação financeira — ou gasta 100% do que ganha, ou gasta mais do que ganha, como os endividados crônicos (pessoas que estão vivendo uma vida além das suas posses).

Então, na minha visão, a fórmula 70/30 funciona apenas para aqueles que já têm uma folga no orçamento e podem destinar os 30% para outras finalidades que não sejam os gastos essenciais mensais. Para as pessoas que já estão nessa situação privilegiada, uma divisão interessante poderia ser esta:

- 9% para a aposentadoria, investindo em Tesouro Direto, por exemplo;
- 9% para desejos claros e definidos (troca de carro, imóvel, reforma da casa etc);
- 7% para a reserva de emergência, aplicando o dinheiro em CDB DI de liquidez diária;
- 5% para sua reserva de lazer, para gastar como quiser e sem dar satisfação a ninguém.

Entretanto, na minha opinião, a fórmula 70/30 NÃO é adequada para a parcela da população brasileira que ganha muito mal e não consegue poupar de jeito nenhum, mesmo levando uma vida frugal, sem excessos, sem consumo exagerado.

Além do mais, há pessoas que NÃO conseguem ter nenhuma folga no orçamento porque seus gastos essenciais mensais (as chamadas despesas necessárias) tornaram-se iguais ou maiores do que sua renda líquida ao longo do tempo. E isso continua acontecendo.

Na maioria das famílias, por conta da inflação, os gastos crescem numa proporção maior do que o aumento da renda líquida. Um fenômeno que tem nome: empobrecimento. Para essas pessoas há duas alternativas: ou aumentam a renda por meio de ganhos extras ou cortam os gastos essenciais mensais.

Para todas as pessoas com esse perfil, considero a fórmula 90/10 muito mais adequada num primeiro momento. De acordo com essa estratégia, as pessoas só deveriam contar com 90% da sua renda líquida. Os demais 10% seriam destinados para pagar suas dívidas. Só depois de saneadas todas as dívidas, aí sim esses 10% seriam usados para uma reserva de emergência (5%) e uma reserva para aposentadoria (5%).

Num segundo momento, poderíamos pensar numa fórmula 80/20. Nesse caso a ideia é destinar 10% para a reserva de aposentadoria, manter 5% para a reserva de emergência e, finalmente, começar a formar a reserva de lazer (5%).

E quando a situação financeira estiver mais tranquila, já se poderia pensar na fórmula 70/30, com as destinações sendo feitas conforme já sugerido anteriormente.

Fique atento: há quem defenda que é legal investir (nem que seja um pouquinho) enquanto ainda estiver pagando dívidas, com a justificativa de que “é importante para já ir criando o hábito”. Bobagem, não caia nessa. Livre-se dos juros altos enquanto pode, sua vida vai mudar.

E que história é essa de reserva de lazer? O que é exatamente e qual é o racional por trás dessa estratégia?

A reserva de lazer tem por objetivo incentivar você a não se desmotivar e continuar com o seu plano de construção da riqueza até o final, mesmo enfrentando desafios e sacrifícios ao longo do tempo. Um plano como esse é para toda a vida, por isso os benefícios não podem sair do seu radar, eles precisam estar sempre presentes na sua mente e você precisa ser continuamente “recompensado” pelo seu esforço.

Coloque isso na sua cabeça de uma vez por todas: uma parte de seus ganhos pertence exclusivamente a você. Assim, seja qual for o percentual destinado à sua reserva de lazer, pague-se primeiro.

Em termos práticos, como fazer funcionar as fórmulas 70/30, 80/20 ou 90/10?

O segredo está na automatização. Para você não ficar dependendo da sua força de vontade e não ficar fazendo muita conta todos os meses, o ideal é que no final do mês você transfira o valor a poupar (30%, 20% ou 10%) da sua conta corrente para os investimentos de sua preferência na mesma data em que seu salário é creditado no banco — ou na mesma data que recebe aluguel ou outro tipo de renda. Com isso, você vai até mesmo esquecer que está poupando e comprometido com um plano de longo prazo.

Por exemplo: para “carimbar” o dinheiro reservado para os gastos essenciais, aplique em CDB DI com liquidez diária. Detalhe: esse tipo de investimento tem cobertura do FGC (Fundo Garantidor de Crédito) até R$ 250.000,00 por CPF.

Para o dinheiro carimbado como “reserva de lazer” pode ser um Fundo DI com baixa taxa de administração. Não vacile aqui: escolha um banco de primeira linha, pois fundos DI não contam com cobertura do FGC.

Para o dinheiro carimbado para desejos claros e definidos (troca de carro, imóvel, reforma da casa etc), pode ser uma subconta de um mesmo Fundo DI.

Para a reserva de aposentadoria, sua melhor opção é Tesouro Direto.

Uma alternativa a essa estratégia é simplesmente escolher fundos de renda fixa diferentes, que tenham boas perspectivas e baixa taxa de administração. Seu banco com certeza tem um portfólio repleto de fundos muito parecidos. Ou você pode diversificar em outra instituição, um banco digital ou uma *asset*.

Mais à frente, quando suas reservas estiverem mais parrudas, você pode pensar em redistribuir os valores para fundos com taxas de administração ainda mais baixas e/ou em outras classes de ativos, mantendo sua carteira diversificada e alinhada ao seu perfil de investidor.

Outra alternativa ao Fundo DI é você investir direto em previdência privada, com a grande vantagem de contar com o débito automático para não se esquecer. Nessa opção, você pode fazer aportes extras sempre que sobrar um dinheirinho. Isso pode fazer uma grande diferença para acelerar o crescimento de sua reserva financeira futura.

E por falar em previdência privada...

No Brasil, os planos de previdência mais importantes são o PGBL (Plano Gerador de Benefício Livre) e o VGBL (Vida Gerador de Benefício Livre). Ambos não entram em inventário, seus saldos são pagos aos herdeiros sem maiores burocracias após o falecimento do detentor do plano. Uma vantagem significativa e faz muita diferença na época em que for preciso pagar os impostos de transmissão de patrimônio.

Se você é assalariado e paga imposto de renda, invista no PGBL, que recebe do governo um tratamento tributário favorável. Com isso, o investidor/participante pode obter uma rentabilidade superior a aplicações em renda fixa de perfil semelhante.

Tanto o PGBL quanto o VGBL permitem que você faça contribuições mensais regulares e também contribuições extras, acumulando uma grana que será investida e administrada pela instituição financeira gestora do fundo de previdência.

Por mais incrível que possa parecer, o investimento em previdência está melhor! Demorou, mas aconteceu: alguns bancos grandes resolveram, finalmente, eliminar a taxa de carregamento que cobravam para administrar os planos de previdência oferecidos ao público em geral.

Essa tal taxa de carregamento era uma verdadeira penalização imposta aos poupadores que, em sua maioria, sequer sabiam que ela existia — assim como continuam desconhecendo o verdadeiro estrago que uma alta taxa de administração faz com a rentabilidade de um fundo de investimento.

E por que alguns bancos grandes estão agora oferecendo taxa zero de carregamento para os planos de previdência? Talvez o principal motivo seja a concorrência dos bancos digitais.

Não sei se com isso — ou por isso — estamos assistindo a um movimento generalizado de redução das taxas de carregamento e corte nas taxas de administração dos planos de previdência oferecidos pelos bancos. Os mais ousados já oferecem taxa zero de carregamento. Sem dúvida, uma boa notícia.

Quer aprender a identificar o plano de previdência mais indicado para você? Eu explico tintim por tintim o caminho das pedras para você investir em previdência de acordo com seu perfil e objetivos. Com riqueza de detalhes. Está tudo na seção Previdência Privada, mais à frente.

A previdência vai quebrar?

Cuidado com os profetas do apocalipse e aqueles que enxergam teoria da conspiração em tudo. Se você for aconselhado a não pagar INSS todos os meses "porque a previdência vai quebrar", delicadamente mande a pessoa cuidar da própria vida. A previdência tem e sempre terá um buraco enorme, mas não vai quebrar — e não há hipótese de você deixar de receber o benefício. O governo vai ferrar você, e a cada ano que passar você vai receber menos? Pura verdade. Ainda assim, vale a pena pagar. "Ah, deixa de ser otário, em vez de INSS faça uma previdência privada." Para esses sábios de plantão, pergunte se a previdência privada cobre problemas como incapacitação temporária ou aposentadoria por invalidez. Claro que não cobre. Mas, não se iluda. Apesar desses benefícios, dificilmente o valor da aposentadoria vai cobrir os custos de um plano de saúde particular. Portanto, faça os dois, um vai complementar o outro lá na frente. E se você tiver a sorte de trabalhar numa empresa que incentiva você a poupar e participar de um plano de previdência privada (de modo geral, quando o funcionário contribui com 100, a empresa põe mais 100), aí sim é que você deve mandar chumbo na previdência privada.

Simulações e projeções que comprovam: seu esforço será recompensado

Antes de entrarmos nesse assunto, considerando que chegou até aqui, você provavelmente já passou pela fase de cortar e racionalizar despesas.

Seu orçamento já deve estar mais enxuto e, com certeza, você já renegociou suas dívidas.

Depois de receber e assimilar toda essa massa de informações, você está pronto para saber como vai prosperar. É hora de começar o plano que vai garantir sua independência financeira.

Mas, como estamos falando de longo prazo, com certeza haverá dias em que você vai se questionar: "Vale a pena me privar de algumas coisas nos dias de hoje em prol de um futuro que eu nem sei se vai acontecer?" Ou ainda, "Vale mais desfrutar o momento presente ou cuidar do amanhã?"

O professor Eduardo Giannetti da Fonseca(15) trata desse dilema com muita maestria.

Segundo ele, os juros são o "prêmio da espera" quando estamos na "ponta credora", ou seja, quando abrimos mão de alguma coisa no momento atual em prol de algo esperado no futuro.

Exemplo: em vez de comprar um carro agora, tomamos a decisão de não fazer dívida e aplicar o dinheiro a juros, com a expectativa de comprar o veículo mais à frente em condições mais favoráveis.

O benefício vem depois, mas tem um custo para você: a espera e o não desfrute imediato do carro.

Em contrapartida, os juros são o "preço da impaciência" quando estamos na ponta devedora, ao decidirmos "viver agora e pagar depois".

Nesse caso, tomamos dinheiro emprestado para obter o desfrute imediato do carro e, para isso, vamos pagar juros. O problema é que, no Brasil, paga-se um preço alto quando se está na "ponta devedora". Então, fique na posição credora: abra mão de pequenas coisas no presente para conquistar algo grande no futuro, sua liberdade financeira.

Quanto mais cedo começar, mais fácil chegar ao 1º milhão

Por favor respire. E preste muita atenção no que tenho a dizer.

Desde o início deste livro, venho defendendo que é mais fácil acumular uma reserva de longo prazo quando o investidor começa a poupar ainda jovem.

Por quê? Simples: porque quanto mais tempo de poupança tiver até chegar a época da aposentadoria, menor será o valor do desembolso todos os meses.

Se ainda assim você não está plenamente convencido nem motivado a virar a chave agora, eu vou te provar por A mais B, por meio de cálculos, que é fundamental começar a poupar o mais jovem possível. Por exemplo, quer uma prova de que é possível formar uma reserva de R$ 1.000.000,00 em 30 anos, investindo apenas R$ 1.000,00 todos os meses?

Vamos fazer os cálculos usando estas premissas:

- Valor da reserva financeira desejada: R$ 1.000.000,00
- Prazo para essa conquista: 30 anos
- Taxa de juros real (sem correr riscos): 6% ao ano
- Investimento: R$ 1.000,00 por mês (sem corrigir esse valor ao longo do tempo)

Taxa de Juros	Final do Ano	Valor do Investimento Mensal R$	Valor Acumulado em R$
6% ao ano	1º Ano	1.000,00	12.387,00
	5º Ano	1.000,00	69.824,00
	10º Ano	1.000,00	163.264,00
	20º Ano	1.000,00	455.646,00
	30º Ano	1.000,00	979.256,00

Os números não mentem: investindo R$ 1.000,00 todos os meses, serão precisos pouco mais de 30 anos para acumular 1 milhão de reais com o mesmo poder de compra dos dias de hoje.

Mas será que você consegue poupar R$ 1.000,00 por mês? Sem a menor dúvida, pois mantivemos os mesmos R$ 1.000,00 fixos por 30 anos. Então, a cada mês que passa, vai ficando mais fácil.

Veja o seguinte: com R$ 1.000,00 em dezembro de 2024 você comprava 10 pizzas. Daqui a um ano, quantas pizzas os seus R$ 1.000,00 comprarão? Talvez 8 pizzas, com sorte.

Você já entendeu: com o passar do tempo, com R$ 1.000,00 você comprará cada vez menos pizzas.

Com certeza, no 30º ano, os R$ 1.000,00 não darão para comprar nem uma única pizza, talvez esse dinheiro seja suficiente apenas para comer alguns pedaços de pizza na padaria da esquina!

Ou seja, investir R$ 1.000,00 todos os meses por 30 anos vai se tornando cada vez mais fácil ao longo do tempo.

Lembre-se ainda que, considerando os esperados ganhos salariais e/ou aumentos de renda que você terá ao longo do período, a cada ano os R$ 1.000,00 representarão uma porcentagem menor da sua renda total.

Ou seja, poupar R$ 1.000,00 por mês não vai pesar nada no seu orçamento!

Alguém pode perguntar: e quanto aos juros? Por que usar um juro real de 6% ao ano se a taxa Selic está por volta de 12,25% ao ano (nominal), com tendência de alta?

Simples: para que o resultado acumulado lá no futuro já apareça descontado da inflação. No exemplo, o montante de R$ 979.256,00 acumulado no 30º ano terá o mesmo poder de compra de hoje.

"Ah, Nato! Mas como é possível garantir que eu vou conseguir aplicar o dinheiro a 6% ao ano mais inflação?"

Resposta: aplicando no Tesouro IPCA - NTN-B Principal, um investimento ligado à variação do IPCA. Atualmente, esse investimento oferece uma taxa de juros superior a 6% ao ano.

Assim, se você comprar uma NTN-B com vencimento em 2045, por exemplo, terá uma taxa de retorno real de pelo menos 6% acima da inflação.

Em outras palavras, ao longo de 25 anos ou mais, o dinheiro investido nesse título irá crescer com juros compostos, considerando tanto os juros fixos de 6% ao ano quanto a inflação. Isso ajuda a proteger o valor do dinheiro ao longo do tempo, garantindo que o valor futuro da reserva obtida tenha o poder de compra de hoje.

Mas, se você realmente não tiver R$ 1.000,00 para poupar todos os meses, preparamos uma outra tabela, para facilitar a visualização do que acontece no longo prazo quando você faz investimentos mensais de R$ 100,00 a R$ 1.000,00 por diferentes prazos, de 1 a 30 anos.

Veja o valor que é preciso investir todos os meses para gerar a reserva que deseja, aplicando o dinheiro a de um juro real 6% ao ano, ou seja, já descontada a inflação.

Tabela 2 (Juro Real de 6% ao ano) – Valores em Reais

Aporte Mensal	1 Ano	5 Anos	10 Anos	20 Anos	30 Anos
R$ 100,00	R$ 1.239	R$ 6.982	R$ 16.326	R$ 45.565	R$ 97.926
R$ 200,00	R$ 2.477	R$ 13.965	R$ 32.653	R$ 91.129	R$ 195.851
R$ 300,00	R$ 3.716	R$ 20.947	R$ 48.979	R$ 136.694	R$ 293.777
R$ 400,00	R$ 4.955	R$ 27.930	R$ 65.306	R$ 182.258	R$ 391.703
R$ 500,00	R$ 6.193	R$ 34.912	R$ 81.632	R$ 227.823	R$ 489.628
R$ 1.000,00	R$ 12.387	R$ 69.824	R$ 162.264	R$ 455.646	R$ 979.256

Como se vê, investindo R$ 1.000,00 com juros reais de 6% ao ano, leva-se 30 anos para acumular R$ 979.256,00.

Mas, se você tiver começado tarde — e tiver só 20 anos para poupar — o máximo que vai conseguir acumular é R$ 455.646,00. Confira na tabela.

Será que agora eu consegui convencer você a iniciar seu plano o quanto antes?

Já ouviu falar da expressão Fator Café®?

Apresento a você o escritor americano David Bach, o cara que "inventou" o conceito de Fator Café®, que ilustra como pequenas mudanças de hábitos têm um grande impacto nas finanças ao longo do tempo. O termo Fator Café® deriva da ideia de que deixar de tomar um café por dia numa cafeteria e investir o dinheiro não gasto pode acelerar a acumulação da riqueza.

Mas atenção: o Fator Café® é apenas uma referência ilustrativa e, em sua essência, inclui ações que estimulam o investidor a dar bastante atenção aos seus gastos miúdos. Exemplos:

- **Economizar pequenas quantias diariamente**

  O ponto de partida é identificar pequenos gastos diários que podem ser reduzidos ou eliminados sem prejudicar sua qualidade de vida. Pode ser qualquer coisa: não desperdiçar um simples pãozinho todos os dias, fumar menos ou cortar o café após as 17h. A título de ilustração: tomar um café a menos numa cafeteria, nos dias de trabalho, resulta numa bela economia. Veja:

22 dias x R$ 11,50 = R$ 253,00 por mês. Agora imagine a economia em 20 anos!

- **Investir consistentemente**

  As economias resultantes são aplicadas em investimentos que pagam juros compostos e proporcionam um ótimo retorno ao longo do tempo.

Criamos a Tabela 3 para mostrar o que acontece com o seu dinheiro ao longo do tempo, se você tomar um café a menos por dia durante 22 dias úteis = R$ 253,00 por mês.

Você está lembrado que, sem o Fator Café® nosso investidor hipotético só tinha R$ 1.000,00 para investir a cada mês?

Agora, com uma economia de R$ 253,00 por mês ao longo dos 20 primeiros anos, ele terá plena capacidade de poupar R$ 1.253,00 por mês.

- A primeira linha da Tabela 3 não inclui Fator Café®.
- A segunda linha inclui um Fator Café®, o seu ganho por tomar um café a menos (*não aumentamos o preço do café ao longo do tempo*). Veja a diferença.

Tabela 3 (Juro Real de 6% ao ano) – Valores em Reais

Aporte Mensal	1 Ano	5 Anos	10 Anos	20 Anos	30 Anos
R$ 1.000,00	R$ 12.387	R$ 69.824	R$ 162.264	R$ 455.646	R$ 979.256
R$ 1.253,00	R$ 15.520	R$ 87.489	R$ 204.570	R$ 570.924	R$ 1.227.008

Repare que, aplicando R$ 1.000,00 por mês, o investidor levava 30 anos para acumular R$ 979.256,00, quase 1 milhão de reais.

Mas, cortanto apenas um cafezinho, nosso investidor acumula, nos mesmos 30 anos, nada menos do que R$ 1.227.008,00. Galera: é muita coisa! Vale super a pena!

E o que mudou para gerar todo esse ganho? Um simples cafezinho a menos.

CAPÍTULO 9

Mentalidade Milionária

A mentalidade que transforma: o poder do mindset de crescimento

Antes de mais nada, quero celebrar sua presença aqui. Acredito que você entendeu perfeitamente as metáforas da águia e da "Corrida dos Ratos" e que (i) fez ou está fazendo uma "arrumação de casa", (ii) está adotando um controle rigoroso das suas despesas e (iii) eliminando os vilões do orçamento. Um conjunto de grandes passos.

Acredito também que você já tenha uma visão consolidada de suas dívidas e que está, definitivamente, ciente de que é impossível "sobreviver" pagando juros altos.

Vamos então ter uma conversa séria e franca antes de enfrentarmos os desafios que vêm a seguir?

Entre os desafios que você precisa se preparar para enfrentar é inerente à nossa própria natureza: somos imediatistas, "curtoprazistas" e, por isso, temos dificuldade de seguir com nossos planos quando eles não oferecem gratificação instantânea ou no curto prazo. Isso acontece com você?

Sabemos que não será fácil focar os objetivos e propósitos que estão mais distantes no tempo. Qual é a sua visão a respeito? Para você, recompensas a longo prazo soam como algo distante?

Levanto essa questão por conta de minha própria experiência acadêmica, durante a qual enfrentei vários obstáculos e dei umas belas vaciladas antes de seguir em frente.

Eu confesso que nunca gostei de estudar. Por mim, ficava jogando bola no campinho perto de casa o tempo todo, andando de bicicleta o dia inteiro, empinando pipa, jogando bolinha de gude, rodando pião, fazendo parada de mão na piscina do Esporte Clube Banespa, jogando bocha no Clube Atlético Indiano ou nadando na represa de Guarapiranga.

Mas eu sabia que tinha que tinha que continuar os estudos, fazer faculdade e trabalhar para ter o meu próprio dinheiro. Sabia que ia precisar de dinheiro para ter liberdade.

Eu gostava dos meus amigos de rua, tinha muita gente divertida nas brincadeiras, mas bastava a gente tocar em assuntos mais sérios para a maioria deles desconversar. Os pais dessa garotada da rua também não eram exatamente um modelo de sucesso, a grande maioria não tinha dinheiro (e eu já naquela época não concebia ter uma vida adulta sem carro e sem dinheiro).

Meio que conformado, me matriculei (ops, fui matriculado pelo Doutor Anatole, meu pai) no cursinho de admissão da Dona Ceara. Foi quando comecei a tomar um pouco de juízo, a turma do cursinho era bem legal — e a Dona Ceara, que era amiga dos meus pais, tornou-se mais do que uma professora, virou minha mentora. Com todo o apoio recebido consegui ser aprovado numa escola pública de referência em São Paulo, o Colégio Alberto Conte, conhecido por seu rigor e excelência de ensino. Lá, só eram aceitos os alunos que passassem num rigoroso exame de admissão.

Mesmo assim, não era fácil conciliar as brincadeiras com os amigos de rua com os estudos no cursinho. Eu nunca fui de fazer lição de casa e estudar regularmente. Era o típico aluno que só estudava em véspera de prova, ou quando as coisas "apertavam". Resultado: no exame de admissão, mesmo com todo apoio da Dona Ceara, não estudei matemática o suficiente e, na prova escrita, que se revelou dificílima, fui "contemplado" com uma nota 2.

Bem, as coisas apertaram — e eu decidi estudar de verdade. Consegui reverter a situação com a ajuda do meu amigo Jairo Cordioli, o melhor aluno de todo o colégio.

Fizemos um pacto: eu, que gostava muito de ginástica, me propunha a ensiná-lo a fazer parada de mão olímpica, enquanto ele me ajudaria com matemática. O cara era um gênio (alguns anos mais tarde, entrou entre os primeiros alunos em duas faculdades de engenharia, no ITA e na Escola Politécnica. Para surpresa de ninguém, Jairo também se destacou na parte esportiva. Muitos anos mais tarde, tornou-se um ginasta federado e fez parte da equipe brasileira de ginástica numa olimpíada. Voltou casado com uma ginasta alemã, para desespero dos pais).

Jairo e eu estudamos juntos por dias a fio. O cara me explicava matemática dez vezes melhor do que o professor da escola. Motivado, rachei pra caramba e o resultado foi excelente: tirei nota 10 na prova oral de matemática, para surpresa do implacável Professor Teixeira (um gênio também, mas um mala sem alça, que Deus o tenha). Acabei ficando com a média 6 em matemática e passei no exame de admissão, tornando-me um aluno do Alberto Conte.

Naquele tempo, no lugar do ensino médio, havia o ginásio e o científico. Se não fossem as disciplinas Latim e Física, que eu odiava, até que eu teria sido um aluno mediano. Fiquei de segunda época nas duas. Eu detestava as duas matérias e os dois professores. Eu e todo mundo da sala. Mas, pra tudo dá-se um jeito. Sempre que podia, eu colava. Eu e a turma do fundão nos tornamos exímios artistas na arte de colar. Tudo que precisava decorar, tais como fórmulas chatas, ia para a cola. Zero de arrependimento de colar, zero vergonha de contar.

Mas, no Alberto Conte, nem tudo foi uma chateação. Tive a sorte de ter como professora de português a Dona Ivete, considerada a melhor de todos os colégios estaduais de São Paulo. Dona Ivete gabava-se de jamais ter dado uma nota 10 para seus alunos em redação, e olha que ela estava no magistério há décadas. Pois eu aceitei o desafio e sempre que a oportunidade aparecia, procurava aumentar minha nota com uma redação. Ao longo de um ano, tentei por três vezes sem sucesso, tirando notas boas, mas não ótimas. Mas, na quarta tentativa, ela leu a redação na sala, em voz alta, olhou para mim e me deu uma nota 10. Sem exagero, um feito inédito. Fiquei muito feliz e acabei me apaixonando por leitura e redação e, quer saber? Se não fosse pela Dona Ivete você não estaria lendo estas linhas.

Mais tarde, tive desafios semelhantes na faculdade e na carreira, mas com esforço e foco, superei todos. O que aprendi é que, mesmo quando a gente tem um passado de péssimo aluno ou de "vagal", quando aceitamos desafios e acreditamos no nosso potencial, somos capazes de muito mais do que imaginamos.

Anos depois, descobri um livro que explora uma tese semelhante, a de que acreditar em nossas capacidades influencia diretamente nosso sucesso em diversas áreas da vida, como carreira, esportes, educação e relacionamentos.

Falo do livro *Mindset: a Nova Psicologia do Sucesso*, que destaca a importância da mentalidade na superação de desafios e no crescimento pessoal. A autora, a psicóloga americana Carol S. Dweck[16], defende que há dois tipos principais de "mindsets" (mentalidades), a saber:

- ***Fixed Mindset*** (Mentalidade Fixa): pessoas com essa mentalidade acreditam que suas habilidades e inteligência são estáticas e imutáveis. Elas evitam desafios, desistem facilmente diante de dificuldades e veem o esforço como algo inútil. Esse tipo de mentalidade frequentemente impede o crescimento e leva à estagnação, pois limita as oportunidades de aprendizado e inovação.
- ***Growth Mindset*** (Mentalidade de Crescimento): as pessoas com essa mentalidade acreditam que suas habilidades podem ser desenvolvidas por meio de esforço, aprendizado e prática. Elas encaram desafios como oportunidades de crescimento, persistem diante das dificuldades e veem o esforço como parte essencial do sucesso. Esse mindset promove o aprendizado contínuo e a resiliência.

Segundo a autora, o "mindset de crescimento" é a chave para alcançar o sucesso em qualquer área da vida, pois permite que as pessoas aprendam com os erros, recuperem-se de fracassos e busquem aprimoramento constante. O livro traz exemplos de atletas, empreendedores, educadores e figuras históricas que adotaram a mentalidade de crescimento para superar desafios e destacar-se em suas áreas.

Assim como no desenvolvimento pessoal, no mundo das finanças o mindset de crescimento é fundamental. Os que adotam essa mentalidade são capazes de (i) encarar erros financeiros como oportunidades de aprendizado, (ii) reavaliar suas decisões e (iii) se reinventar para alcançar a estabilidade.

Na minha visão, é exatamente isso que irá guiar sua jornada rumo à liberdade financeira.

Acredite no seu potencial e, com cada passo que der, esteja certo de estar construindo um futuro de segurança financeira.

Águia Financeira será o seu guia prático nessa transformação. Vamos juntos nessa jornada?

Os segredos por trás da mentalidade milionária

Dá para ficar rico aprendendo com os ricos? Quais são os segredos da mente milionária?

Se você analisar a história de vida dos maiores bilionários do mundo — na expectativa de desvendar os segredos que estão por trás de tanta riqueza —, duas coisas vão acontecer.

Primeira: você vai ficar fascinado por cada história. Como é possível ganhar tanto dinheiro ao longo da vida? Como pode um jovem oriundo de família simples, pé-rapado, ficar rico em tão pouco tempo? São muitos os exemplos.

Segunda: você vai se decepcionar ao constatar que é muito, muito difícil fazer igual. Nos dias de hoje, então, sem chance!

Para ficar abastado, bem de vida ou mesmo rico com o suor do seu trabalho, você vai ter que ir atrás das oportunidades explícitas e implícitas que o mundo moderno oferece.

Ganhar dinheiro dá trabalho. Por isso você precisa estar muito seguro e provar a si mesmo que quer realmente ganhar muito dinheiro.

Persistência é o que diferencia as pessoas bem-sucedidas daquelas que ficam paralisadas diante das dificuldades que enfrentam. Além da persistência, determinação e da saudável ambição para atingir seus objetivos, essas pessoas vão em frente, não adiam, não postergam, não procrastinam. E não desistem nunca. Mesmo sabendo que é difícil fazer acontecer, não custa nada dar uma olhada no modelo de comportamento das pessoas financeiramente bem-sucedidas. Se fizer sentido para você, incorpore seus valores e sua determinação.

Senor Abravanel, o saudoso Silvio Santos[(17)], é um excelente exemplo de pessoa determinada. Começou a trabalhar como camelô aos 14 anos; vendeu capas para títulos de eleitor no centro do Rio de Janeiro; foi locutor, radialista e chegou até onde sabemos. Nunca perdeu o foco de seu grande objetivo: tornar-se empresário e dono do seu próprio canal de televisão. Silvio Santos foi a prova viva de que rico trabalha porque gosta. Trabalhou no SBT sem receber salário — mandando em tudo e mexendo os pauzinhos por trás dos bastidores — até pouco antes de seu falecimento, em 17 de Agosto de 2024.

Vamos para outros exemplos de superação, de gente que possui uma visão de futuro superior à dos seus pares e não desiste de seus sonhos facilmente.

Richard Branson[18], um bilionário empresário britânico, é um desses caras. Em 1970, Branson era um jovem típico da classe média quando começou um negócio de venda de discos pelo correio, que se tornou o embrião da rede de lojas de discos Virgin Records, que viraria a Virgin Megastores. Hoje, é dono do Grupo Virgin, cujos investimentos vão da música à aviação, vestuário, biocombustíveis e viagens aeroespaciais. Branson, duas vezes recordista mundial em expedições com balões, viajou ao espaço em julho de 2021 a bordo do foguete VSS Unity, da sua própria empresa de astroturismo, a Virgin Galactic Holding Inc. Agora, o bilionário está se preparando para uma nova aventura: será copiloto do primeiro voo comercial de balão estratosférico do mundo, programado para 2025. A confirmação dessa aventura vem quatro anos após sua histórica viagem ao espaço, na qual se tornou o primeiro bilionário a alcançar os limites da atmosfera, acompanhado de outros cinco passageiros. Nada mal para um cara que é disléxico e que, por conta disso, decidiu desistir da escola aos 16 anos. Seus pais o educaram para ser independente e ter autoconfiança. Deu certo. Ficou bilionário. Em 1999, tornou-se *Sir*, ao receber o título de Cavaleiro pela Rainha Elizabeth II.

Tudo indica que quem tem mentalidade de rico atrai dinheiro. E que há muitos ricos que sabem distribuir a riqueza, seja oferecendo emprego, seja praticando filantropia.

Bill Gates e Melinda Gates, por exemplo, são conhecidos pela filantropia generosa. Eles constituíram a Fundação Bill e Melinda Gates, que se dedica a várias causas humanitárias, incluindo saúde global, educação e desenvolvimento da comunidade. Por meio da fundação, eles têm doado bilhões de dólares para ajudar a melhorar as condições de vida em todo o mundo.

Warren Buffett também é um filantropo conhecido e admirador do trabalho de Gates. Ele prometeu doar a maior parte de sua fortuna para causas filantrópicas, e grande parte dela foi direcionada para a Fundação Bill e Melinda Gates. Ambos, Gates e Buffett, têm enfatizado a importância de doar uma grande parte de sua riqueza para causas humanitárias, muitas vezes mais do que deixar para seus próprios filhos. Isso reflete sua crença na responsabilidade social e na importância de usar sua riqueza para fazer o bem no mundo.

São inúmeros os exemplos de pessoas que têm uma mentalidade milionária. Relatar outros exemplos nesse espaço não é o nosso foco.

O foco agora é ter uma conversa séria com você, sobre a sua relação com o dinheiro. Quero saber se o seu modelo financeiro está programado para o progresso. Se não estiver, será muito difícil alcançar o sucesso financeiro.

***Aprender a pensar e a raciocinar como os ricos, em matéria de dinheiro, pode ser uma boa ideia. O escritor T. Harv Eker*[10]*, autor do best-seller* Os Segredos da Mente Milionária *acredita nisso*.** E vai além. Segundo ele, é perfeitamente possível "programar" o nosso inconsciente para o sucesso. E aquele que pensa e raciocina como rico tem mais chances de fazer fortuna do que uma pessoa que não consegue fazer isso. Eker conta que, durante uma fase de sua vida, tinha muitos pensamentos negativos, os quais, segundo ele, faziam seu negócio patinar, "empurrando-o" para longe da riqueza.

Decidido a virar a chave, aprendeu técnicas de condicionamento mental para pensar de modo positivo e aplicou as estratégias de negócios e o modo de pensar das pessoas ricas. Funcionou. Encarar a riqueza sob um novo olhar foi fundamental para seu o *turning point*. Hoje, Eker preside uma bem-sucedida empresa de desenvolvimento pessoal que promove cursos e seminários, nos quais fala sobre os princípios da mente milionária.

Eker acredita que cada um de nós tem um "modelo financeiro" próprio, que envolve uma combinação dos pensamentos, sentimentos e ações que adotamos nas questões ligadas a dinheiro.

As principais fontes de condicionamento desse modelo seriam família, amigos, professores, líderes religiosos, mídia e cultura do país. Segundo ele, todos nós, desde crianças, recebemos ensinamentos de como agir e pensar com relação ao dinheiro. E são justamente esses ensinamentos incorporados à nossa psique que condicionam nossas atitudes em relação ao assunto.

Trocando em miúdos, tudo o que você se acostumou a ouvir sobre dinheiro desde criança está gravado no seu inconsciente e comanda o seu modelo de gestão financeira. De acordo com essa visão, quando alguém nasce numa sociedade pobre, no seio de uma família sem posses (ou é criado num ambiente político totalitário, ou numa região adepta de práticas religiosas que consideram impuro o dinheiro e as pessoas que o possuem), é provável que a imagem que essa pessoa faz dos ricos seja distorcida.

Para essas pessoas, os ricos são pessoas gananciosas, que só pensam em si mesmas, que exploram o trabalho dos pobres. Para elas, dinheiro é considerado uma coisa suja — e quem o possui é mau.

Conclusão: por conta desse condicionamento, a pessoa automaticamente acaba evitando se associar ao dinheiro — que seria impuro — e isso explica porque muitos acabam se livrando rapidamente de toda a grana que ganham.

De fato, estamos cansados de ver pessoas que não sabem "segurar" o dinheiro, parecem não sossegar enquanto ele não acabe. Pessoas assim são incapazes de cultivar o hábito de poupar para formar uma reserva financeira.

Em contrapartida, quem não sofreu esse condicionamento viciado, tem tudo para pensar diferente. Para essas pessoas, o dinheiro é fonte de liberdade, de conquistas e de realização.

Estratégias inteligentes para multiplicar seu dinheiro

Para quem está começando agora e tem pouca ou nenhuma experiência no mercado financeiro, a chance de achar um texto sobre investimentos chato pra caramba pode chegar a 100%. Se esse for o seu caso, temos duas alternativas:

- Você faz um esforço, lê com atenção e se dispõe a investir um certo tempo para absorver os conceitos aqui apresentados (porque reconhece que isso é importante para você); ou
- Dá uma lida rápida nas próximas páginas e deixa o trabalho de orientação financeira a cargo do seu gerente de banco ou consultor de investimentos. Você decide.

Vale uma primeira pergunta: o que é tão importante quanto poupar regularmente durante um longo período de tempo, de preferência todos os meses, sem falta?

Resposta na lata: investir com diligência, com sabedoria e de acordo com seu perfil.

Você sabe disso. São seus investimentos que vão garantir a realização dos seus projetos de longo alcance, a faculdade dos seus filhos e o seu padrão de vida na aposentadoria.

Em princípio, formada a sua reserva, você só vai precisar usar os rendimentos para os seus gastos mensais, nunca o principal — que continuará crescendo.

Manter uma carteira diversificada em várias classes de ativos (títulos públicos, ações, renda fixa) faz muito sentido, é sua melhor escolha.

E, muito importante, sempre é bom lembrar que investimentos com prazos mais longos, como títulos do tesouro, podem garantir alguns pontos percentuais a mais de rentabilidade e fazer uma diferença enorme ao longo do tempo no seu plano.

É válido tentar aproveitar as oportunidades do mercado acionário? Sim, se você focar em empresas boas pagadoras de dividendos que possam lhe proporcionar uma fonte de renda passiva.

Investimentos que possam colocar seu capital em risco não servem para você.

Quando se perde dinheiro em investimentos arriscados, é muito difícil recuperar na renda fixa. Seja qual for a composição que desejar para sua carteira, siga estas regras de ouro:

Regra número 1: "Respeite seu perfil de investidor"
Regra número 2: "Nunca se esqueça da regra número 1"

Em outras palavras: não fique tentado a obter uma remuneração maior para seus investimentos para "chegar lá mais depressa", se para isso for preciso desrespeitar a Regra número 1.

Eu poderia acrescentar uma outra regra, a número 3: para ser bem sucedido em qualquer projeto de longo prazo, você precisa de muita determinação e disciplina. Tenha sempre isso em mente.

Se você está começando a investir agora, é natural que precise de um tempo para conhecer os investimentos existentes no mercado financeiro brasileiro. Não tenha pressa, mas esforce-se. O aprendizado virá naturalmente.

Saindo da teoria para a prática. Para investir com sucesso é preciso levar em conta fatores como:

- Seu perfil de investidor

- Sua tolerância a risco
- Horizonte de tempo do seu investimento

Se você costuma investir só em poupança ou fundos de renda fixa, saia da zona de conforto e conheça outros investimentos competitivos e rentáveis, com garantia do governo. Vamos falar sobre isso já já. Mas, antes, quero falar sobre Taxa Selic, CDI e FGC e apresentar a você algumas informações e conceitos básicos presentes no mundo dos investimentos (se é que você já não os conhece). São exemplos:

- Perfil de Investidor
- Alocação de Ativos
- Inflação
- Juro Real
- Valor do Dinheiro no Tempo

Fundamentos e conceitos-chave para entender o mundo dos investimentos

Taxa Selic

A taxa Selic é a taxa básica de juros da economia brasileira, usada como referência para operações financeiras e decisões econômicas. Ela é definida pelo Comitê de Política Monetária (Copom), vinculado ao Banco Central, que se reúne a cada 45 dias para avaliar fatores como inflação, mercado de trabalho e atividade econômica.

A Selic pode ajudar a controlar a inflação e a regular o crescimento econômico. Quando a inflação sobe, o Banco Central tende a elevá-la para conter o consumo e evitar a alta dos preços. Em momentos de desaceleração econômica, a taxa pode ser reduzida, facilitando o crédito e estimulando o consumo. No final do ano de 2024, a Selic estava fixada em 12,25% ao ano.

Certificado de Depósito Interbancário (CDI)

CDI é a abreviação de Certificado de Depósito Interbancário, um título de emissão dos bancos que é semelhante ao CDB (Certificado de Depósito Bancário).

Ao contrário do CDB, que você como pessoa física pode investir, a negociação do CDI é restrita aos bancos. Um título como o CDI permite que um banco com dinheiro sobrando empreste para outro que esteja precisando, a uma determinada taxa. A maioria das operações é feita por um só dia, como no antigo *overnight*.

Mas o CDI tem outra utilidade: a taxa média diária do CDI é utilizada como parâmetro para avaliar a rentabilidade dos investimentos em renda fixa, como os Fundos DI ou CDB, por exemplo. É essa informação que você precisa guardar. Assim, quando o seu gerente de banco oferecer uma aplicação que paga 95% do CDI, você vai saber do que ele está falando.

Em termos práticos: se a taxa do CDI for de 14% ao ano e seu investimento vai pagar 95% do CDI, seu rendimento será de 14 x 0.95 = 13,30% ao ano. Simples assim.

Fundo Garantidor de Créditos (FGC)

O Fundo Garantidor de Créditos (FGC) tem como função proteger os investimentos de correntistas e investidores, garantindo o pagamento de até R$ 250 mil para quem investe em Poupança e CDBs, em caso de perdas motivadas por problemas financeiros da instituição.

Mas, considerando que o FGC garante apenas R$ 250 mil, você pode perfeitamente distribuir investimentos entre diferentes instituições financeiras, cada um deles dentro do limite de garantia do FGC por CPF ou CNPJ.

Essa abordagem inteligente não apenas maximiza a segurança dos investimentos, mas também otimiza os retornos, ao explorar boas oportunidades de investimento oferecidas por diferentes bancos.

Entretanto, a garantia do FGC não é ilimitada. O valor máximo assegurado por CPF ou CNPJ é de R$ 1 milhão a cada 4 anos. Assim, essa compreensão dos mecanismos de proteção oferecidos pelo FGC, é essencial para a construção de uma base sólida e resiliente para o patrimônio financeiro pessoal.

Perfil de Investidor

Desde 2015, por força da Instrução n° 539 da CVM (Comissão de Valores Mobiliários), os bancos são obrigados a avaliar se o cliente bancário sabe exatamente o que está fazendo quando contrata produtos de investimento. Para isso, criaram um questionário que identifica o perfil de investidor de cada cliente. A adequação do portfólio de investimentos ao perfil do investidor é fundamental para que a busca de performance em um dado investimento esteja alinhada ao padrão de tolerância a risco do investidor. É o que os americanos costumam chamar de "*suitability*".

Na fase inicial, é normal — e desejável — que o investidor seja mais arrojado nos seus investimentos e direcione seu dinheiro para produtos de alta performance e maior risco, que podem acelerar a expansão do seu patrimônio. Na outra ponta, para os clientes que estão nas fases de consolidação e preservação do patrimônio (ou mais próximos da aposentadoria) é prudente adotar estratégias mais conservadoras na gestão dos investimentos, preferindo produtos financeiros de menor risco. Ninguém quer ter surpresas nessa fase da vida. Proteção é a palavra de ordem.

Você precisa investir de acordo com seu perfil — e o seu gerente ou consultor de investimentos tem a obrigação de saber exatamente onde você se encaixa. Cuidado com gerentes de banco inescrupulosos que, para bater a meta e garantir o bônus de final de ano, simplesmente ignoram o perfil do cliente e recomendam o "produto do mês" — o que lhe dá mais pontuação, e por tabela, grana — sem considerar o fator risco ou o melhor interesse do cliente.

Além de conhecer seu perfil, seu consultor financeiro precisa levar em conta seus objetivos e o horizonte de tempo do seu investimento antes de sugerir a melhor composição para a sua carteira. De modo geral, costuma-se classificar os investidores em três perfis:

- **Arrojado:** define um investidor jovem ou experiente, que tem maior tolerância a risco e que busca retornos maiores para seus investimentos. Investidores que se enquadram nesse perfil gostam da ideia de ter renda variável em sua carteira. São pessoas que sabem que seus investimentos estão sujeitos à volatilidade do mercado e sentem-se confortáveis que sua carteira possa sofrer variações negativas no curto prazo (e até mesmo eventuais perdas de parte do valor investido por algum tempo). No longo prazo, confiam que a performance será boa e que as oscilações ao longo do tempo não terão significado nada.
- **Moderado:** é o típico investidor de renda fixa que se dispõe a alocar uma pequena parte do seu dinheiro em investimentos de maior risco, com o objetivo de buscar obter ganhos maiores

a longo prazo. Enquadram-se nesse perfil as pessoas que tendem a aceitar com naturalidade eventuais variações negativas no saldo da sua carteira, inclusive dos investimentos no tesouro direto (que podem oscilar em função do mercado de juros e marcação a mercado).

- **Conservador:** é o investidor em renda fixa que quer ver o dinheiro crescer sem tomar sustos. Prefere ganhar sempre e não admite ver o saldo dos seus investimentos diminuir em nenhum momento, nem mesmo se soubesse que esse saldo poderia voltar a crescer mais à frente (que é o caso do perfil moderado). Esse investidor sabe que para tentar obter uma rentabilidade maior teria que assumir riscos, o que, definitivamente, não está nos seus planos.

O perfil do investidor, de modo geral, está relacionado ao estágio em que o investidor se encontra no Ciclo de Evolução de Riqueza. Veja:

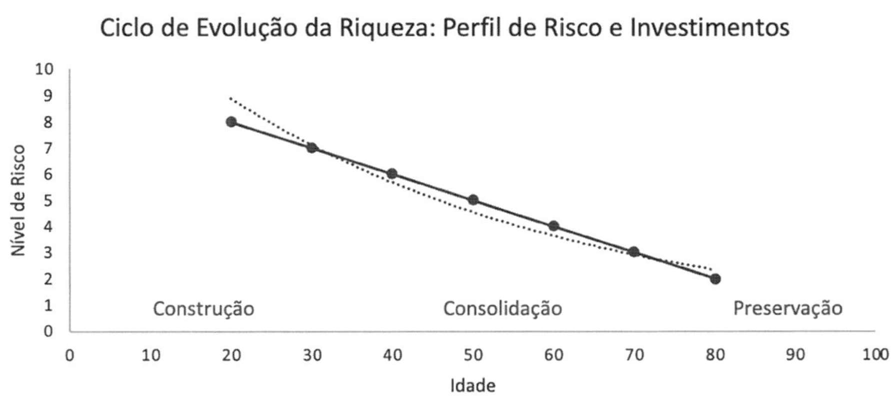

Construção da riqueza (jovem, perfil Arrojado)

- **Foco:** Acumular capital.
- **Características do investidor:** Maior tolerância a riscos, horizonte de longo prazo.
- **Produtos financeiros:** Ações, renda fixa (Tesouro Direto pré e pós-fixado, LCI/LCA), aplicações em moeda forte, fundos imobiliários, criptomoedas.

Consolidação da riqueza (meia-idade, perfil Moderado)

- **Foco:** Manter crescimento com segurança moderada.
- **Características:** Risco controlado, foco em objetivos de médio e longo prazo.
- **Produtos financeiros:** Ações ou ETFs, renda fixa (Tesouro Direto, títulos pós-fixados, LCI/LCA), fundos imobiliários, criptomoedas.

Preservação da riqueza (idoso ou aposentadoria, perfil Conservador)

- **Foco:** Proteger o patrimônio e gerar renda passiva.
- **Características:** conservadorismo, risco baixo, foco em estabilidade.
- **Produtos financeiros:** renda fixa (LCI/LCA, fundos DI, títulos pós-fixados), ações de empresas pagadoras de dividendos, ETFs, fundos imobiliários.

Alocação de ativos

Alocação de ativos é uma estratégia de investimento que envolve distribuir seus recursos entre diferentes classes de ativos (fundos de renda fixa, CDBs, Tesouro Direto, ações etc.) com o objetivo de minimizar risco e maximizar retorno.

Um portfólio diversificado é uma boa estratégia para reduzir a vulnerabilidade e a exposição da carteira a oscilações de mercado e com isso equilibrar potenciais ganhos e perdas.

Você tem perfil Agressivo/Arrojado? Forme sua carteira com um máximo de 20% em ações nos primeiros 20 anos do seu plano.

Seu perfil é Moderado? Invista 10% em ações nos primeiros 20 anos. Depois, migre para renda fixa.

Conservador? Invista 5% em ações nos primeiros 20 anos. Depois, prefira a renda fixa e mantenha apenas um pouco de ações de empresas que pagam bons dividendos.

Seja qual for seu perfil de investidor, considere esses percentuais como ponto de partida.

Outra sugestão importante: faça uma reavaliação do portfólio regularmente e vá diminuindo as posições em renda variável quando estiver chegando na fase de preservação do patrimônio.

É importante que o seu portfólio esteja sempre adequado ao seu perfil de risco, em todas as fases do ciclo de acumulação da riqueza.

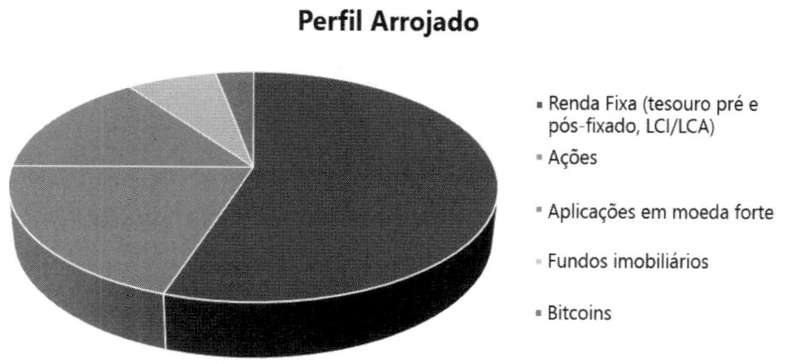

Perfil Arrojado

55% Renda Fixa (tesouro direto pré e pós-fixado, LCI/LCA)

20% Ações

15% Aplicações em moeda forte

7% Fundos imobiliários

3% Criptomoedas

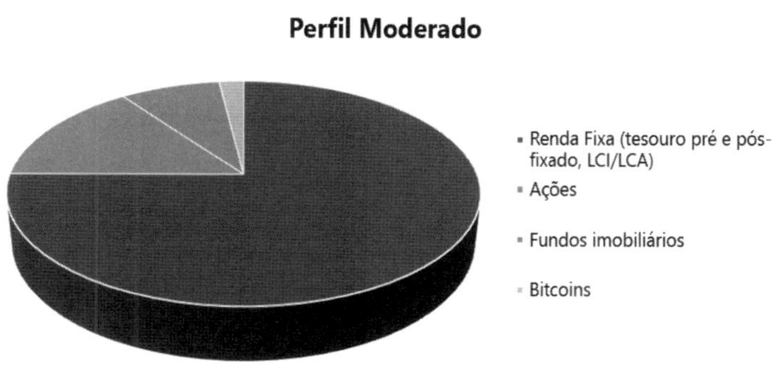

Perfil Moderado

75% Renda Fixa (Tesouro Direto, títulos pós-fixados, LCI/LCA)

15% Ações ou ETFs

8% Fundos imobiliários

2% Criptomoedas

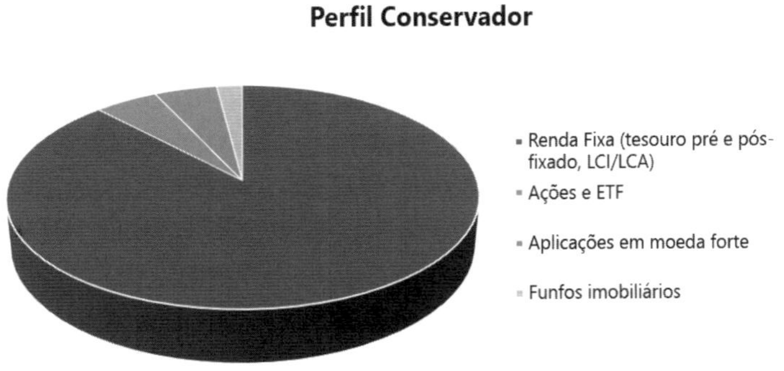

Perfil Conservador

88% Renda Fixa (LCI/LCA, Fundos DI, títulos pós-fixados)

5% Aplicações em moeda forte

5% Ações ou ETFs

2% Fundos imobiliários

Inflação

Inflação é o aumento geral e contínuo dos preços, o que diminui o seu poder de compra. Em outras palavras, quanto maior a inflação, menos o seu dinheiro vale. No Brasil, a inflação oficial é medida pelo IPCA (Índice de Preços ao Consumidor Amplo).

O IPCA-15 encerra 2024 em 4,71%, estourando o teto da meta. É por isso que o Banco Central já avisou que em 2025 vai continuar elevando a taxa Selic, que fechou o ano em 12,25%. O consenso de mercado para o IPCA de 2025 é de 4,00%.

Juro nominal x Juro real

Esse exemplo simplificado pode ser útil para acentuar a diferença entre juro real e juro nominal. Quando você deposita R$ 100,00 na poupança hoje, sabe que esse valor será maior daqui a um ano, graças ao rendimento (juros) da poupança.

Suponha que a taxa de juros seja de 7% ao ano. Isso significa que, após um ano, você terá R$ 107,00, sendo R$ 7,00 os juros recebidos.

Esse é o chamado juro nominal. Já o juro real considera o impacto da inflação no seu rendimento.

Se a poupança rendeu 7% no ano e a inflação foi de 3,5%, o juro real foi de 3,5%, o que significa que você teve um ganho positivo acima da inflação.

Valor do dinheiro no tempo

Não importa a moeda, real, dólar ou euro: o dinheiro perde valor com o passar do tempo.

Por exemplo, se você pagava R$ 50,00 por um corte de cabelo em 2014, sabe muito bem que o preço do serviço mudou muito de lá para cá. Assim, se em 2024 você paga pelo menos R$ 100,00, sabe perfeitamente que o custo do serviço subiu 100%, muito acima da inflação oficial.

Dito isso, numa hipotética pergunta, o que o seu barbeiro iria preferir? Receber R$ 100,00 hoje ou receber o dinheiro corrigido pela inflação oficial daqui a um ano, algo em torno de R$ 104,00? Garanto que ele vai preferir receber R$ 100,00 hoje. Em finanças, os R$ 100,00 de hoje são chamados de Valor Presente. Os R$ 104,00 são chamados de Valor Futuro.

Investimentos: principais modalidades que você precisa conhecer

Se há algo difícil de se fazer no Brasil, é permanecer atualizado com relação às modalidades de investimento disponíveis. Fundos DI, CDB, LCI... é muita sigla! Com isso, as pessoas ficam confusas e, não raro, acabam preferindo aplicar no que já conhecem: a poupança.

Para retirar você da zona de conforto — e ampliar o leque de produtos disponíveis para a diversificação de seus investimentos — apresentamos a seguir os principais investimentos do mercado financeiro brasileiro. Você vai saber tudo sobre:

- Poupança
- Fundos de investimento
- CDB (Certificado de Depósito Bancário)
- LCI (Letra de Crédito Imobiliário)
- LCA (Letra de Crédito do Agronegócio)
- ETF
- Criptomoedas

- Tesouro Direto
- Previdência
- Ações

Poupança

A poupança disputa com os fundos de investimento a preferência dos brasileiros. Quem aplica em poupança sabe que seu dinheiro está seguro, pois é garantido pelo governo. Mas, definitivamente, a poupança não é a melhor opção para você que busca um juro real mais parrudo, que viabilize melhor o crescimento do seu patrimônio.

Fundos de investimento

Como funcionam? Simples. Quando você investe num fundo, o seu dinheiro é convertido em cotas, de acordo com o regulamento do fundo. Com isso, você se torna dono de parte da carteira do fundo, proporcionalmente ao capital que você está investindo.

O valor da cota do fundo é atualizado diariamente, de acordo com os preços de mercado de cada ativo que compõe a carteira.

Para saber o valor bruto do seu investimento, é só multiplicar a quantidade de cotas que você tem pelo valor da cota do dia, uma informação disponível no app do seu banco, nos jornais e na internet.

Fundos de investimento estão sujeitos às normas da ANBIMA (Associação Brasileira das Entidades dos Mercados Financeiro e de Capitais) e da CVM (Comissão de Valores Mobiliários).

Os Fundos de investimento são classificados em diversas categorias, como renda fixa, ações, multimercado, cambiais etc. Dependendo do tipo, a carteira do fundo pode estar investida em ações, títulos públicos, títulos cambiais, CDBs, derivativos ou commodities negociadas na B3.

Os fundos mais conhecidos são:

- Fundos DI
- Fundos Renda Fixa (RF)
- Fundos Multimercado
- Fundos de Ações
- Fundos Imobiliários

Fundos DI buscam acompanhar a evolução da taxa de juros do mercado interbancário (CDI). Eles têm a carteira formada preponderantemente por títulos públicos pós-fixados. São indicados para investidores que buscam rentabilidade com baixo nível de risco. Performam melhor quando a tendência da taxa básica de juros (Selic) é de alta.

Fundos de Renda Fixa (RF): atualmente existem várias estratégias de renda fixa que podem compor a carteira desse tipo de fundo. Importante consultar seu assessor de investimento antes de investir nesse produto.

Fundos Multimercado podem utilizar múltiplas estratégias e investir em vários mercados, como renda fixa, renda variável, câmbio, commodities etc. Com isso, os gestores têm liberdade para diversificar a carteira e mais flexibilidade para buscar rentabilidade próxima ou superior ao CDI.

Fundos de Ações pertencem à categoria de fundos de renda variável e devem ter sua carteira preponderantemente aplicada em ações. São a maneira mais simples de investir no mercado de ações.

Fundos Imobiliários (FII) são uma alternativa a considerar se você gosta do investimento em imóveis. É um investimento indicado para qualquer pessoa, pois não exige experiência ou conhecimento prévio do setor imobiliário. Ao investir num FII, você está comprando partes (cotas) de um ou mais imóveis. E, como você compra uma parte (cota), passa a receber um aluguel mensal correspondente à sua parcela de participação. O bom é que a renda mensal que você recebe é isenta de imposto de renda, ao contrário do que acontece quando você aluga um imóvel pela pessoa física.

Há mais de uma centena de FIIs no mercado e é preciso avaliar com cuidado as perspectivas de desempenho de cada um e analisar a qualidade dos imóveis que formam sua carteira.

Para identificar os fundos imobiliários mais promissores, recomendo uma extensa pesquisa na internet. Há empresas que produzem relatórios bem fundamentados sobre eles, indicando as vantagens e os riscos desse tipo de investimento. Pesquise.

Liquidez dos vários tipos de fundos

Fundos DI ou RF têm liquidez diária e assim possibilitam resgates no mesmo dia, ou seja, D+0.

Fundos Multimercado, em sua maioria, pagam os resgates no dia seguinte à sua solicitação, em D+1. Mas há muitos fundos multimercado com carência maior, geralmente de 30 ou 60 dias.

Fundos de Ações normalmente colocam o dinheiro na sua conta em D+3. Na grande maioria dos casos, pode-se fazer aplicações e resgates por app ou internet.

CDB (Certificado de Depósito Bancário)

O Certificado de Depósito Bancário, mais conhecido pela sigla CDB, é um título de renda fixa emitido pelos bancos, uma opção de investimento interessante para você, ótimo para acomodar sua liquidez de curto prazo. O CDB tem liquidez diária e costuma ter uma rentabilidade próxima ou igual à variação do CDI. Outra vantagem: o CDB conta com a garantia do Fundo Garantidor de Créditos (FGC) até o limite de R$ 250 mil por CPF (valor vigente na data da publicação deste livro). Paga-se Imposto de Renda sobre os rendimentos, com taxas que variam entre 15% e 22,5%, dependendo do prazo que o valor fique investido.

Os principais tipos de CDB são:

- **CDB prefixado:** a taxa de juros é prefixada logo no ato da aplicação. Assim, você já sabe exatamente quanto vai ganhar na data do vencimento.
- **CDB CDI:** a rentabilidade é pós-fixada, definida pelo CDI ao longo do tempo do investimento.

LCI (Letra de Crédito Imobiliário) e LCA (Letra de Crédito do Agronegócio)

LCI e LCA são dois produtos de investimento muito atrativos por uma razão muito simples: são isentos de Imposto de Renda.

Mas esse mercado está passando por mudanças por conta de novas regras instituídas pelo CMN (Conselho Monetário Nacional) em 01/02/2024. Nessa data, o CMN, por meio da Resolução 5.119, alterou as regras para a emissão de LCI e LCA.

A isenção de IR continua, mas há mudanças no período mínimo de investimento e no lastro permitido para cada uma das operações.

O prazo mínimo de investimento em uma LCA passou de 90 dias para 9 meses, enquanto que o de uma LCI passou de 90 dias para 12 meses. O bom é que para quem já tem o produto contratado nada muda. A nova regra vale apenas para novas emissões.

Tudo indica que o número de novas emissões vai diminuir, ao menos num primeiro momento. O que significa que vai continuar difícil encontrar papéis para aplicar.

De qualquer forma, sempre que aparecer a oportunidade de investir em LCI ou LCA, aproveite. Não é toda hora que os bancos têm lastro suficiente para emitir esses papéis e atender à forte demanda por esses produtos.

Ambas, LCI e LCA, continuam com garantia do FGC (Fundo Garantidor de Créditos) até o valor de R$ 250 mil por CPF.

Fique Atento!

O conteúdo relativo às quatro modalidades a seguir (Bitcoin, Tesouro Direto, Previdência e Ações) será apresentado com riqueza de detalhes e sua leitura pode ser um pouco desafiadora para o investidor iniciante. Por isso, minha sugestão é que você dedique um pouco mais de tempo para isso. Posso garantir que será uma leitura interessante e prática, mas que exigirá redobrada atenção.

Criptomoedas: uma introdução ao investimento digital

Para o investidor principiante, entender o que é uma criptomoeda e suas vantagens pode soar intimidante. Hoje, há inúmeras criptomoedas interessantes, mas aqui nesse espaço vamos simplificar falando apenas do bitcoin, que vem batendo recordes de valorização e se consolida como a principal criptomoeda do mercado.

Lançado em 2009, o bitcoin (BTC) é uma forma de moeda digital, descentralizada e baseada em tecnologia *blockchain*. O bitcoin não existe fisicamente, é totalmente virtual, e sua emissão não é controlada por nenhum governo ou banco central. É produzido de forma descentralizada por milhares de computadores, mantidos por pessoas que "emprestam" a capacidade de suas máquinas para criar bitcoins e registrar todas as transações feitas.

O bitcoin pode ser negociado de forma direta entre os usuários, uma prática que reduz os custos de transação e da burocracia cambial.

Para controlar a oferta de novos bitcoins, seu sistema prevê que o número de bitcoins emitidos seja reduzido pela metade a cada 210 mil blocos minerados. Quando essa marca é atingida, ocorre o evento denominado "*halving*", que nada mais é do que uma escassez programada do bitcoin, um fator crucial para sua valorização.

Graças à sua valorização, o bitcoin se tornou uma oportunidade de ouro para ganhos exponenciais, passando a ser considerado o "dinheiro do futuro" e entrando de vez para as carteiras de investimento.

Ao contrário das moedas fiduciárias — como o dólar, euro ou real —, que podem ser emitidas indefinidamente pelos governos, o bitcoin tem um limite fixo de 21 milhões de unidades. Isso significa que, com o tempo, a demanda por bitcoin pode superar a oferta, o que pode levar o ativo a uma valorização contínua.

Uma das vantagens do investimento em bitcoin é sua potencial capacidade de diversificação de portfólio. Enquanto investimentos tradicionais, como ações e títulos, estão sujeitos à volatilidade do mercado financeiro, o bitcoin se comporta de forma independente, o que pode ajudar a mitigar o risco global do portfólio.

Outra grande vantagem do bitcoin é sua acessibilidade. Enquanto investir em ativos tradicionais requer a abertura de uma conta bancária e o uso de intermediários financeiros, o bitcoin pode ser adquirido de forma relativamente simples por meio de plataformas de troca on-line, também conhecidas como *exchanges* de criptomoedas.

As *exchanges* funcionam como intermediários entre compradores e vendedores, facilitando as transações e fornecendo uma plataforma para negociação.

Se você é iniciante no universo das criptomoedas e deseja investir de forma descomplicada, a melhor opção é investir em fundos de criptomoedas.

As vantagens de investir em fundos de criptomoedas incluem a diversificação automática, acesso a gestores especializados, potencial de retorno elevado devido à volatilidade das criptomoedas e facilidade de investimento para quem não quer gerenciar diretamente uma carteira de criptomoedas.

Aqui não há lugar para amadorismo, por isso converse longamente com seu gerente ou agende uma consultoria de investimentos no seu banco (gratuita) para saber mais e ter certeza que a diversificação de investimentos em bitcoins faz sentido para você.

Importante: investir em criptomoedas envolve riscos significativos, incluindo a possibilidade de perda total do capital. O mercado é altamente volátil e não oferece garantias de retorno. Avalie cuidadosamente seu perfil de investidor e busque orientação especializada antes de tomar decisões.

Tesouro Direto

Os títulos do Tesouro Direto são considerados uma opção de investimento inteligente, rentável e segura. Há títulos com diferentes tipos de rentabilidade, prazos de vencimento e fluxos de remuneração. Oferecem boa rentabilidade, são 100% garantidos pelo Tesouro Nacional, possuem liquidez diária (você pode resgatá-los a qualquer momento) e podem ter rentabilidade prefixada ou pós-fixada.

Para investir no Tesouro Direto, você precisa ter conta numa corretora de valores. É moleza abrir uma conta em corretora, você faz tudo pela internet. Decida quanto vai querer investir e transfira o dinheiro do seu banco para a sua conta na corretora.

O site do Tesouro Direto contém todas as informações para você realizar seus investimentos, mas num primeiro momento eu recomendo que você peça aconselhamento a um dos profissionais da corretora. Você não vai pagar nada por isso e, com certeza, terá mais segurança para escolher a modalidade que melhor poderá atender sua expectativa.

Agora vamos falar de rentabilidade e explicar os diferentes tipos de títulos do tesouro.

Títulos prefixados

Os títulos do Tesouro Direto podem ter rentabilidade pós-fixada ou prefixada. Os prefixados têm sua rentabilidade definida no momento da compra.

O Tesouro Prefixado (LTN) é um título prefixado, o investimento ideal para quem quer saber exatamente o valor que vai receber se ficar com o título até o vencimento. Possui fluxo de pagamento simples, ou seja, na data de vencimento do título você vai receber o valor investido acrescido da rentabilidade.

Títulos pós-fixados

Os títulos pós-fixados possuem seu valor corrigido por um indexador. Assim, a rentabilidade da aplicação depende do desempenho do indexador e da taxa contratada no momento da compra.

- ***Tesouro IPCA - (NTN-B Principal)***

O Tesouro IPCA - (NTN-B Principal) é um título pós-fixado com rentabilidade vinculada à variação do IPCA (Índice Nacional de Preços ao Consumidor Amplo)[1] acrescida dos juros definidos no momento da compra. O título possui um fluxo de pagamento simples, ou seja, você faz a aplicação e resgata o valor de face (valor investido + rentabilidade) na data de vencimento do título. Não há fluxos periódicos de pagamento ao investidor (cupom semestral de juros). É um título de prazo bem longo, indicado para poupança de médio e longo prazo, inclusive para aposentadoria, compra de casa própria e outros.

- ***Tesouro IPCA+ com juros semestrais – NTN-B***

O Tesouro IPCA+ com juros semestrais (NTN-B) é um título pós-fixado, cuja rentabilidade é composta por uma taxa anual pactuada no momento da compra mais a variação do IPCA. Possui fluxos periódicos de pagamento ao investidor (cupom semestral de juros) a uma taxa de 6% ao ano, pagos semestralmente. A rentabilidade é dada pela taxa anual de juros mais a variação do indexador até o vencimento.

- ***Tesouro Selic (LFT)***

O Tesouro Selic (LFT) é um título pós-fixado cuja rentabilidade segue a variação da taxa SELIC. Sua remuneração é dada pela variação da taxa SELIC diária registrada entre a data de liquidação da compra e a data de vencimento do título, acrescida, se houver, de ágio ou deságio no momento da compra.

O Tesouro Selic (LFT) possui fluxo de pagamento simples, ou seja, o investidor faz a compra e recebe o rendimento apenas uma vez, na data de vencimento do título, junto com o valor do principal. É o investimento ideal para quem quer começar a investir no Tesouro Direto, inclusive porque é o título que tem uma volatilidade mais baixa, o que é importante para evitar eventuais perdas no caso de venda antecipada. Por esse motivo, sua rentabilidade tende a ser um pouco mais baixa que a dos demais títulos.

- ***Tesouro RendA+ (NTN-B1)***

É o mais novo título do Tesouro Direto, pensado para ajudar você a planejar sua aposentadoria complementar. Trata-se de um título pós-fixado cuja rentabilidade é composta por dois fatores: uma taxa anual pactuada no momento da compra; e a variação do IPCA. Diferentemente dos demais títulos, o RendA+ não paga o seu principal em uma única parcela na data de vencimento. No RendA+ você irá resgatar seu investimento em 240 parcelas, assim receberá um valor mensal durante 20 anos.

E quanto à tributação? Bem, se você investe em fundos, já sabe como é, paga IR sobre a rentabilidade. Quanto mais tempo o dinheiro ficar aplicado, menor será o imposto, com faixas que variam entre 22,5% e 15%. Depois de 2 anos, a alíquota é de 15%.

Boa notícia: agora é possível agendar suas aplicações mensais no Tesouro Direto, acessando a área do investidor em: www.tesourodireto.com.br. No site, você encontra todo o passo a passo para agendar seus investimentos. Essa é uma forma prática e eficiente para investir regularmente todos os meses e assim se beneficiar dos juros compostos.

Previdência privada

O amanhã chega mais rápido do que você imagina. Começar a economizar e investir para a aposentadoria o mais cedo possível é o melhor favor que você pode fazer a si mesmo. Não caia na conversa das pessoas que dizem que a previdência pública oficial vai quebrar. Comece a contribuir para o INSS o quanto antes e não interrompa as contribuições mensais em nenhuma hipótese.

Além da aposentadoria pelo INSS, faça um plano de previdência privada agora, PGBL ou VGBL (já vamos falar sobre essas siglas).

A previdência privada é um investimento democrático e acessível, sem idade mínima ou máxima para começar ou terminar. É um tipo de investimento excelente para a construção de patrimônio ao longo do tempo, oferecendo inúmeras vantagens independentemente da fase de vida do investidor. Veja:

- Tributação de IR flexível: é possível escolher entre a tabela progressiva ou regressiva, dependendo da estratégia de longo prazo (explico em detalhes, já já).

- Portabilidade gratuita e imediata: caso não esteja satisfeito com o desempenho de seu plano, você pode transferi-lo para outra instituição, sem custos.
- Liquidez: apesar de alguns planos terem períodos de carência, a previdência privada oferece boa flexibilidade para resgate ou conversão em renda.
- Proteção financeira da família: PGBL e VGBL são produtos eficientes para você organizar o seu planejamento sucessório, pois a grana acumulada não entra em inventário e pode ser imediatamente paga aos herdeiros em caso de falecimento do titular do plano.

Antes de escolher um plano de previdência privada, é importante analisar alguns fatores:

- Histórico da gestora: a reputação e a experiência da gestora são essenciais para garantir que o fundo de previdência seja administrado de forma responsável.
- Taxa de administração e carregamento: taxas altas corroem a rentabilidade do fundo.
- Rentabilidade: verifique o histórico de desempenho para entender o potencial do fundo.
- Carência: informe-se sobre o período mínimo de investimento antes do resgate.
- Inclusão de beneficiário: certifique-se de que o plano permite designar herdeiros.

Quais os tipos de planos de previdência? Quais as diferenças entre eles?

Os planos de previdência se dividem em dois tipos: **VGBL** (Vida Gerador de Benefício Livre) e **PGBL** (Plano Gerador de Benefícios Livre). A principal diferença entre eles está na tributação.

Ao contrário dos fundos de investimento tradicionais, a previdência privada não sofre a incidência semestral do imposto "come-cotas" semestral (que nada mais é do que uma antecipação de IR que incide sobre os rendimentos dos fundos de investimento).

Isso é muito bom para a rentabilidade dos planos VGBL ou PGBL, pois a grana que sairia do caixa direto para pagar o IR via come-cotas permanece aplicada, rendendo juros. Paga-se IR depois, no momento do resgate.

No VGBL, a tributação incide apenas sobre os rendimentos, na hora do resgate. Isso é tremendamente mais vantajoso caso você precise sair do investimento antes do prazo final.

No PGBL, o IR incide sobre o total resgatado.

Grande vantagem do PGBL: você pode deduzir as contribuições (aportes) feitas durante o ano calendário do cálculo do IR a pagar, em valor limitado a 12% dos rendimentos tributáveis.

Com isso, há uma dupla vantagem:

- O valor de IR que você não precisou pagar agora (por conta da redução da base tributária) pode continuar sendo investido, gerando rendimentos.
- A alíquota de IR a ser cobrada lá na frente pode ser menor do que a alíquota de hoje, dependendo do regime de tributação escolhido.

Qual plano escolher?

Invista em PGBL se você recebe salário, aluguéis ou rendimentos sobre os quais há retenção de Imposto de Renda na fonte e faz a Declaração de IR no modelo completo.

O VGBL é a opção correta para quem declara o IR no modelo simplificado, que é mais vantajoso quando se tem apenas rendimentos isentos de IR ou rendimentos não sujeitos ao IR na fonte.

Mesmo não contando com o benefício fiscal do PGBL (abatimento na Declaração), o VGBL é ótimo como investimento de longo prazo, pois, como já dissemos, não tem come-cotas.

Tributação

Os planos PGBL e VGBL estão sujeitos a idênticos regimes de tributação e você deve optar pelo tipo de tributação logo no ato da contratação do plano. Há apenas duas escolhas possíveis:

- **Tributação regressiva definitiva:** essa é a forma de tributação mais interessante no longo prazo, pois as alíquotas de IR são decrescentes na medida que o tempo passa, chegando a apenas 10% a partir do 10º ano.

- **Tributação progressiva compensável:** nessa opção, incide IR na fonte (alíquota de 15%) no momento de cada resgate. Mas atenção: essa retenção de IR é feita a título de antecipação do IR devido. O ajuste do imposto precisa ser feito na sua declaração.

Importante: temos aqui uma novidade. A Lei 11.053, de 2004, que determinava que a escolha do regime de tributação (progressivo ou regressivo) tinha que ser feita no início do plano foi recentemente alterada.

Saiba que, antes, a escolha do regime de tributação teria que ser feita até o último dia útil do mês subsequente ao do ingresso no plano.

Agora, segundo o texto da Lei 14.803, essa opção poderá ser exercida até o momento da obtenção do benefício ou da requisição do primeiro resgate, mas será irretratável. Uma boa notícia, sem dúvida, pois as situações individuais podem mudar ao longo do tempo.

Minha sugestão é que você converse com seu gerente de banco ou consultor de investimentos para identificar qual tipo de tributação é mais favorável a você.

Lembra o que falei sobre automatização? Para não falhar com nenhuma contribuição, conte com a facilidade do débito automático para que seu investimento seja realizado regularmente todos os meses. Seu bancão não vai lhe cobrar nada por isso.

Fique atento!

Além de escolher entre PGBL e VGBL, há outros critérios para a correta escolha de um plano de previdência. Já falamos que o prazo do investimento é que vai mandar na escolha do regime de tributação (progressivo ou regressivo). Agora, vale falar sobre a escolha do perfil de risco dos fundos de previdência nas diversas fases da vida.

Investir em um fundo de previdência de perfil arrojado (que contenha um bom percentual de renda variável, como ações) pode ser uma excelente opção para jovens que desejam aumentar o potencial de rentabilidade no longo prazo.

Como esses fundos estão mais expostos às oscilações do mercado, é importante ter em mente que o risco é maior. No entanto, quanto mais cedo se começa, maior a possibilidade de aproveitar o tempo para diluir os impactos de momentos negativos, já que, historicamente, os mercados tendem a se recuperar no longo prazo.

Assim como um jovem investidor pode iniciar seu plano com um perfil mais arrojado, à medida que o tempo passa e o investidor se aproxima da aposentadoria, pode migrar para um fundo de perfil mais conservador, para evitar riscos e garantir um equilíbrio entre rentabilidade e segurança.

Ações

Investir no mercado de ações pode ser uma jornada emocionante e potencialmente lucrativa, mas não é livre de desafios e riscos, especialmente para aqueles que estão dando seus primeiros passos nesse universo.

Ao adquirir ações de uma empresa você se torna sócio dela, e seu retorno é derivado de duas fontes principais: o aumento do valor das ações no mercado e a participação nos lucros por meio de dividendos.

***Há diversas maneiras de entrar no mercado de ações; pode ser por meio de uma corretora de valores ou utilizando o* home broker.**

A operação por corretora oferece simplicidade, mas não é a mais econômica, pois a cada compra ou venda de ações em bolsa você paga uma comissão de negociação para ter suas ordens executadas (a tal taxa de corretagem).

O home broker nada mais é do que um portal de investimentos, que permite a você se conectar diretamente ao pregão eletrônico da bolsa e executar pela internet suas ordens de compra e venda de forma ágil e segura, além de fornecer acesso a uma variedade de ferramentas de análise.

Na plataforma, você tem acesso a informações de mercado e cotações em tempo real, contando ainda com análises, relatórios, gráficos, e ferramentas que ajudam você nas decisões de investimento.

Portanto, decidir entre operar por corretora ou home broker envolve considerar aspectos como preço e conveniência.

Ambos os métodos são baseados em sistemas eletrônicos, mas a corretora oferece a vantagem do contato humano, enquanto o home broker proporciona mais autonomia e praticidade.

Quanto à seleção de ações para sua carteira e o momento ideal para comprar ou vender, existem diferentes abordagens. Você pode optar por estudar profundamente o mercado e tomar suas próprias decisões ou contar com recomendações de especialistas, seja do seu banco, corretora ou empresas de análise independente.

Minha sugestão é que você comece a investir com redobrado cuidado, alocando em bolsa uma parcela muito pequena do seu patrimônio. Invista com perspectivas de longo prazo, ou seja, só direcione para a bolsa os recursos que você não vai precisar no curto e médio prazos. Com isso, você consegue conviver melhor com a volatilidade dos preços de suas ações e os altos e baixos do mercado.

Uma abordagem recomendada por muitos é o Investimento em Valor (Value Investing), uma técnica popularizada por Ben Graham, mentor de Warren Buffett.

Essa estratégia visa aproveitar as discrepâncias entre o preço de mercado de uma ação e o seu valor intrínseco.

Num mundo ideal, o valor de mercado e o valor intrínseco teoricamente seriam iguais. Mas, na prática, não é isso que ocorre. E é justamente esse descolamento de valores que gera oportunidades reais de lucrar.

Avaliar o valor intrínseco de uma ação, ou seja, seu verdadeiro valor com base em fundamentos financeiros e perspectivas futuras da empresa não é uma tarefa trivial, mas é crucial.

Existem várias abordagens para calcular o valor intrínseco de uma ação, como a realização de análises detalhadas dos fundamentos da empresa, avaliação de suas perspectivas de crescimento, comparações com concorrentes e determinação de uma taxa de desconto apropriada.

- **Fundamentos da empresa:** inclui a análise dos balanços patrimoniais, demonstrações de resultados, fluxos de caixa e outros indicadores financeiros da empresa.
- **Perspectivas futuras:** para fazer essa análise, procura-se prever o desempenho futuro da empresa com base em diversos fatores, como sua posição no mercado, produtos ou serviços oferecidos, vantagens competitivas, estratégias de crescimento etc.
- **Análise comparativa:** comparar a empresa com seus concorrentes e com o setor como um todo pode ajudar a identificar se a ação está sendo negociada com desconto ou com prêmio em relação ao seu valor intrínseco.

- **Taxa de desconto:** uma vez estimado o valor intrínseco, é necessário determinar uma taxa de desconto apropriada para calcular o valor presente dos futuros fluxos de caixa esperados. Isso leva em consideração o risco associado ao investimento.

Como se vê, para investir com sucesso é necessário ter um profundo entendimento tanto do mercado de ações quanto das empresas listadas em bolsa.

Uma sugestão: não fique tentado a acertar o melhor "timing" para comprar ou vender uma ação. Acredite: é muito difícil "ganhar" do mercado. Assim, compre ações de boas empresas e fique com elas. Vá comprando aos poucos. Se as cotações caírem, aproveite e compre mais. Adotando a estratégia "*buy and hold*" (comprar e segurar), você vai se ver livre do principal fator que "come" o rendimento de uma ação ao longo do tempo: as taxas de corretagem aplicáveis às compras e vendas de ações.

Em última análise, investir no mercado de ações requer cautela, educação e uma abordagem disciplinada. Cuidado com as dicas "quentes" de ações. Elas podem vir de pessoas que podem ter interesse próprio na valorização da ação. Busque orientação de profissionais financeiros confiáveis. Dê preferência a ações de empresas cujos negócios e atividades você conhece e que provavelmente terá mais facilidade para acompanhar. Há de tudo na bolsa, como por exemplo:

- Ações blue-chips de alta liquidez.
- Companhias com tradição no pagamento de bons dividendos.
- Empresas *small caps* com alto grau de sustentabilidade no longo prazo.
- Ações "esquecidas" pelo mercado cujos preços estão defasados.
- Ações de companhias que possuem subsidiárias fora do Brasil ou plataformas exportadoras que proporcionem receitas dolarizadas.
- Ações que podem proporcionar grandes ganhos no longo prazo por conta de eventos corporativos que alavanquem substancialmente seu valor, como fusões, incorporações ou alianças estratégicas.

Além das estratégias mais tradicionais, como comprar e manter ações de empresas sólidas a longo prazo, existem também abordagens mais avançadas, como investimento em opções, venda a descoberto e "day trade". No entanto, essas estratégias requerem um alto nível de habilidade e conhecimento do mercado, e são acompanhadas por riscos significativos.

Opções

Opções são contratos que dão ao detentor o direito, mas não a obrigação, de comprar (opção de compra) ou vender (opção de venda) um ativo subjacente a um preço pré-determinado antes ou numa data específica. Esses contratos permitem que os investidores apostem na direção do preço de uma ação sem ter que possuir essa ação. Uma estratégia que pode resultar em altos ganhos, mas que envolve altos riscos.

As opções têm data de vencimento, o que significa que o tempo está constantemente trabalhando contra o investidor.

Se a opção não se mover na direção desejada antes do vencimento, ela pode expirar sem valor. No jargão de mercado, a opção pode virar pó.

É praticamente impossível operar no mercado de opções com sucesso sem ter um alto entendimento do mercado de ações e dos instrumentos financeiros envolvidos.

ETF (Exchange Traded Fund)

ETF é uma alternativa interessante à compra direta de ações ou fundos de ações. Basicamente, um ETF é um fundo de índice, ou seja, uma cesta de investimentos que pode ser comprada e vendida como se fosse uma ação.

É uma maneira simples e prática de investir em diversos ativos ao mesmo tempo.

Por exemplo, ao comprar um ETF do Ibovespa, você está adquirindo uma "fatia" de todas as empresas negociadas na Bolsa de Valores de São Paulo que fazem parte do Índice Bovespa. Assim, em vez de comprar ações individuais, você investe em um grupo de empresas ao mesmo tempo.

Os principais benefícios dos ETFs incluem:

- Diversificação de risco: como você investe em vários ativos ao mesmo tempo, o risco é diluído.
- Baixas taxas de administração: ETFs costumam ter custos menores que fundos de investimento tradicionais.

- Facilidade de negociação: podem ser comprados e vendidos de forma simples na bolsa de valores, como uma ação.

Venda a descoberto

É outra estratégia que os investidores usam para tentar lucrar com a queda do preço de uma ação.

Neste caso, o investidor toma emprestado o ativo de um corretor e o vende no mercado, na expectativa de comprá-lo de volta a um preço mais baixo no futuro e devolvê-lo ao corretor.

Se a estratégia der certo, o investidor lucra com a diferença entre o preço de venda e o de recompra do ativo.

"Day trade"

Uma opção interessante para quem já acumula boa experiência no mercado é se aventurar no "day trade", uma estratégia que envolve a compra e venda de ativos financeiros no mesmo dia para buscar lucrar com pequenos movimentos de preço.

Esta estratégia requer um alto nível de habilidade, conhecimento do mercado e capacidade de tomar decisões rápidas.

O mercado de opções e o "day trade" são conhecidos por sua volatilidade extrema.

Assim, os riscos associados a esses investimentos devem ser cuidadosamente considerados, pois podem resultar em pesadas perdas de capital se o investidor não for bem-sucedido em prever corretamente os movimentos do mercado.

Em resumo, investir em opções, venda a descoberto e "day trade" pode ser lucrativo para alguns investidores experientes, mas definitivamente não é adequado para todos. Investidores iniciantes, em particular, devem primeiro educar-se sobre essas estratégias antes de se aventurarem no mercado, e sempre considerar consultar um profissional financeiro para orientação personalizada.

Cautela e gestão de riscos são fundamentais para obter sucesso no mercado de ações. Infelizmente, no Brasil em especial, há uma tendência preocupante de pessoas perdendo dinheiro na bolsa ao seguir conselhos questionáveis de gurus e influencers financeiros.

É mais comum do que se pensa que muitos só divulguem os acertos de suas recomendações, colocando debaixo do tapete todos os erros e recomendações equivocadas que fizeram, ignorando solenemente os prejuízos causados aos investidores que seguiram suas "dicas quentes". Como diz a "sabedoria popular", muitos "gabam-se das pingas que tomam, mas não contam os tombos que levam".

#VidaDuraDeInvestidor: Em 1971, já no último ano do curso de administração de empresas da Escola de Administração de Empresas de São Paulo, da Fundação Getúlio Vargas, eu e alguns colegas fomos seduzidos e contaminados pela perspectiva de ganho fácil investindo em ações na Bolsa de Valores de São Paulo (Bovespa). Era muito simples abrir uma conta numa corretora de valores e embarcar em uma jornada de pura especulação.

Eu sempre gostei muito de finanças, talvez por isso tenha conseguido uma disputadíssima vaga de trainee no Banco Lar Brasileiro, que nada mais era do que uma filial do Chase Manhattan Bank em São Paulo. Era uma posição muito cobiçada. Na parte da manhã eu e os outros quatro trainees recebíamos um treinamento intensivo de finanças e mercadologia, um curso de seis meses que ficou conhecido como Programa de Formação de Oficiais de Crédito (PFOC). Ao final do curso, quando os trainees estavam prontos para trabalhar *full time* em análise de crédito, os gerentes de RH do Citibank apareciam do nada, oferecendo propostas de salário irrecusáveis para os trainees abandonarem o Chase e irem para o Citi. Pois bem. A sede do banco, no centro velho de São Paulo, era muito próxima à Bovespa e eu costumava comer um sanduíche ali pertinho, na Rua Líbero Badaró, no Lírico ou no Guanabara, lanchonetes ícones do centro, frequentadas por todos que trabalhavam no mercado financeiro. Depois do rápido lanche, corria para a Bovespa para assistir ao pregão viva voz (bons tempos) e ver os operadores se esgoelando, gritando "compro" ou "vendo" determinado papel (ação). Eu, que já estava acostumado à emoção das apostas em cavalos no Jockey Club de São Paulo, acabei logo encontrando um novo jeito de perder dinheiro.

Eu fazia tudo certo: analisava os balanços de um monte de empresas e tentava descobrir ações "baratas", de companhias que estavam sendo negociadas por preços inferiores ao seu valor justo, por questões exógenas ou conjunturais. O grande desafio era avaliar o valor intrínseco de cada ação e a capacidade da empresa de gerar lucros futuros e aumentar o patrimônio líquido. A minha busca era por empresas cujos papéis apresentassem um descolamento entre o valor de mercado e o valor intrínseco. Mal sabia eu que estava, sem querer, praticando o chamado "*value investing*" de Warren Buffett. E por que para mim não deu certo? Por uma simples razão: eu não tinha grana para adotar a estratégia "*buy and hold*" (comprar e segurar). Acontecia o seguinte: eu descobria uma ação "barata", comprava e ficava esperando que ela se valorizasse, com a perspectiva de vendê-la mais caro. O problema é que o mercado tem uma dinâmica própria e muitas vezes demorava meses para também "descobrir" a ação. Do alto dos meus 25 anos, eu tinha zero paciência de esperar uma provável valorização e acabava desistindo do papel, vendendo-o pelo mesmo preço ou realizando algum prejuízo. Outros erros de principiante: comprar ações com base em dicas de corretores inescrupulosos e tentar acertar o melhor "timing" para comprar ou vender uma ação. Demorei algum tempo para saber que ninguém "bate" o mercado.

Encerro "confessando" sobre um dos piores investimentos que realizei naquela época. Em uma dada semana de 1971, na "rádio-corredor" do mercado só se falava em ações da Dulcora, fabricante do antigo Drops Dulcora ("embrulhadinhos um a um", dizia a propaganda na televisão). Comprei a 1,50 cada ação, sem nem passar perto de analisar a companhia. O papel não parava de subir. Foi a 3,00 "puxado" pela corretora que "trabalhava" o preço (coisa que eu não sabia). Naquela época não existia a CVM (Comissão de valores Mobiliários) e as "puxadas" de preço eram escandalosas. Como funcionava? Duas ou três corretoras de grande porte começavam a comprar um dado papel a preços de mercado, elevando as cotações a cada dia. Faziam o chamado "direto", quando uma vendia para a outra diretamente a preços combinados, cada vez mais altos. Com as cotações subindo e com a boataria correndo solta (por exemplo, que a empresa ia ser vendida ou que o resultado tinha sido excepcional), entravam outras pessoas comprando. E quem vendia? Justamente aqueles que estavam "puxando" as cotações pra cima. Depois de atingir um determinado patamar — e quando muitos começavam a realizar lucros — a corretora parava de comprar, largava o papel e os preços iam abaixo. Resultado: todos que haviam comprado com os preços nas alturas amargavam fortes prejuízos. No meu caso, quando Dulcora PN chegou a 1,00 comprei novamente, na expectativa de fazer preço médio. Mal sabia eu que a corretora agora estava forçando a baixa do papel, para comprá-los "na bacia das almas". Quando o papel chegou a 0,32 não aguentei mais segurar. Vendi, realizando um belo prejuízo. O episódio foi um prato cheio para meus amigos me zoarem. Sempre que algum deles me encontrava, dizia: "Nato, já comprei um drops Dulcora hoje pra te ajudar". Sempre perdi na bolsa? Não, ganhei muitas vezes. Mas aí não tem graça contar, hahaha.

CAPÍTULO 10

Mantendo a Motivação e Alcançando a Liberdade Financeira

Reserva de lazer: o segredo para manter sua motivação em alta

Os projetos de conquista de liberdade financeira têm sempre um ponto em comum: todo mundo quer melhorar de vida com o mínimo de sacrifício possível.

No entanto, a jornada é longa e o futuro mostra-se distante. Então, como manter-se fiel às suas estratégias e não desanimar no caminho? Com tantos desafios a enfrentar e inúmeras variáveis envolvidas, como manter o foco no objetivo final?

Minha sugestão é que você leve a sério duas estratégias muito eficazes: a criação de uma "reserva de lazer" e a "automatização" dos seus investimentos mensais, conforme já falamos brevemente.

A "reserva de lazer" será a sua merecida recompensa por seguir à risca um rigoroso regime de investimento ao longo do tempo. Ela é importante porque o seu plano é de longo prazo e há grandes chances de você começá-lo todo animado e interrompê-lo durante o processo, caso não perceba que há recompensas imediatas e futuras.

Não sou apenas eu que digo isso; veja o que afirma Charles Duhigg[14], escritor e jornalista investigativo conhecido por seus trabalhos sobre hábitos, produtividade e tomada de decisão. Em seu livro *O Poder do Hábito* (*The Power of Habit*), Duhigg explora a natureza dos hábitos individuais e organizacionais, bem como os processos envolvidos na mudança de hábitos.

Uma das teorias centrais de Duhigg é que os hábitos são compostos por três elementos principais: gatilho, rotina e recompensa. Ele argumenta que entender esses elementos é fundamental para mudar comportamentos indesejados.

Duhigg sugere que uma pessoa só muda de hábito quando percebe uma recompensa clara e imediata associada ao novo comportamento. Segundo ele, os hábitos são formados por meio de um processo de reforço, no qual o cérebro associa determinada ação com uma recompensa. Se a nova ação ou comportamento não oferecer uma recompensa suficiente, o cérebro não terá motivação para adotar o novo hábito.

Duhigg argumenta que, para a mudança de comportamento, é fundamental identificar e manipular as recompensas associadas aos hábitos. Isso pode envolver encontrar maneiras de tornar a recompensa do novo hábito mais imediata, visível e gratificante.

É por isso que a "reserva de lazer" é tão importante. No seu projeto, ela é obrigatória. É a sua recompensa imediata, o seu prêmio por perseverar.

Com a "reserva de lazer", sai a compulsão (o hábito de comprar descontroladamente) e entra a liberdade para gastar com moderação, nem que seja de vez em quando.

Assuma o compromisso (consigo mesmo) de que vai mantê-la ao longo de todo o período do seu plano. Leve essa recomendação a sério.

Como usar a "reserva de lazer"? Use como, quando e para o que quiser.

Sempre sonhou em viajar ao Nordeste, comer lagosta e se aventurar de *buggy* nas dunas das praias de Natal? Tem vontade de assistir a uma corrida de Fórmula 1 com direito a acessar o paddock e visitar os boxes? Guarde dinheiro suficiente, programe-se e vá, sem culpa. A "reserva de lazer" é para isso. Ela precisa e deve ser sinônimo de poder e liberdade.

Agora que você já conhece a importância da "reserva de lazer", vale a pergunta: essa prática, por si só, é suficiente para você perseverar com o seu plano até o final?

Na minha visão, você precisa dessa reserva e de algo mais, a automatização.

A automatização dos seus aportes mensais é uma estratégia muito eficaz, que tem um objetivo muito claro: tirar da sua cabeça que você está fazendo um grande sacrifício durante um período bastante longo. Com a automatização, você elimina o risco de "esquecer" de poupar e, principalmente, de ficar dependendo da sua força de vontade.

Na data que escrevo esse livro, há dois produtos muito interessantes para você investir utilizando a facilidade do débito automático: previdência privada e tesouro direto.

Investimento programado em previdência está disponível no seu banco, qualquer que seja ele. Para débito automático de investimento mensal em tesouro direto, basta abrir uma conta numa corretora de valores. É tudo muito simples e rápido. Reforçando: comece com valores que não comprometam seu orçamento e sinta-se livre para alterar o valor em caso de imprevistos.

Fique atento! Se não for possível automatizar seus aportes nesse dois investimentos, o plano B é fazer investimentos programados na poupança. Qualquer banco ou caixa econômica faz isso para você. Essa é a primeira providência. A segunda é você, ao final de cada ano, zerar a poupança e aplicar o montante acumulado num fundo de renda fixa, que, com certeza, vai proporcionar a você uma rentabilidade melhor.

CAPÍTULO 11

Revisitando os Principais Insights do Livro

Risco zero de que os ensinamentos aqui contidos não funcionem ou tragam prejuízo a você. Afinal, que mal pode fazer um conselho sobre um futuro melhor e aprender a administrar seu dinheiro com diligência?

E como "estamos nos finalmentes", selecionei 20 dicas e conselhos para você voar mais alto, que resumem a essência de *Águia Financeira*.

Nº 1 – Estabeleça metas claras e mensuráveis para sua jornada rumo à liberdade financeira. Cultive hábitos de economia e investimento consistentes, mesmo que pequenos, para alcançar seus objetivos a longo prazo. Priorize o pagamento de suas dívidas de acordo com as taxas de juros, focando primeiro nas de maior custo.

Nº 2 – Inicie seu plano de construção de riqueza agora, pois o futuro bate à porta mais cedo do que você pensa. Quanto antes começar a poupar, mais fácil será atingir a reserva financeira que você colocou como meta. Por que a pressa? Porque quanto maior o seu período de investimento até atingir seu objetivo, menor será o valor da parcela mensal a investir todos os meses. Está lembrando dos conselhos que os velhinhos de hoje receberam, não seguiram e se ferraram? "Comece a poupar enquanto você é jovem" e "Não deixe para amanhã, comece a guardar e investir seu dinheiro hoje" estão entre os principais.

Nº 3 – Comprometa-se com seu plano de investimento: poupe todos os dias o equivalente a uma hora do seu trabalho ou siga a fórmula 70%/30%. Na pior das hipóteses, invista 10% de cada pagamento ou receita que entrar na sua conta bancária. Você é a melhor pessoa para descobrir como fazer isso de forma organizada, meticulosa, regular, sistemática e, de preferência, automática.

Nº 4 – Defina o valor e aplique logo. Use o débito automático: dê início ao seu projeto de riqueza assim que racionalizar suas despesas e reprogramar seu orçamento. Fale com seu banco e autorize uma transferência automática do valor que sairá de sua conta corrente para seu investimento. Suas melhores opções são Tesouro Direto e previdência privada. Esqueça a poupança, que também permite aportes automáticos.

Nº 5 – Quem gasta menos, geralmente pode investir mais: racionalizar despesas é uma poderosa fonte de geração de poupança. Controlando seus gastos e aumentando o seu poder de investir, você terá uma vida melhor no futuro. E, se tiver equilíbrio, não precisará se privar dos seus sonhos de consumo do presente. Fique rico para desfrutar do prazer e da sensação de fazer suas próprias escolhas. Prospere para ter dinheiro e liberdade para ir a lugares onde o seu coração possa bater mais forte.

Nº 6 – Qual é o seu calcanhar de aquiles, o ponto nevrálgico, os vilões do seu orçamento? Coloque seus gastos numa planilha com duas colunas. A primeira relacionará o gasto mensal. A segunda, o gasto anual. Esqueça a primeira e foque sua atenção na segunda. Consegue fazer uma racionalização de gastos que não prejudique sua qualidade de vida? Faça.

Nº 7 – Sem dinheiro? Não consuma! Pague totalmente seus gastos com cartão. Se persistir no erro de pagar a fatura do cartão pelo mínimo, vai ser difícil se livrar da teia de aranha dos juros. O seu plano de conquista de liberdade financeira começa com o pagamento de suas dívidas. Para isso, faça economia, procure seu banco ou sua operadora de cartão e negocie juros mais baixos, fazendo um plano para pagar a dívida em parcelas fixas.

Nº 8 – Programe sua cabeça e seu modelo financeiro para vencer: a parte prática do seu plano você já sabe como operacionalizar. Agora vem a parte emocional. Sua cabeça precisa estar preparada para a nova realidade, para que seu projeto prospere. O seu modelo financeiro já está programado para você progredir? Torne-se uma máquina de aprender: estude, trabalhe bastante, pense grande, comprometa-se com resultados e aprenda com seus erros. Não desista nunca, nem quando encontrar pedras no caminho. Até porque, algumas podem ter sido colocadas pela sua própria mente.

Nº 9 – Não dependa apenas da previdência oficial na aposentadoria: no Brasil, quem não poupar enquanto é jovem não terá como pagar convênio médico, medicamentos e, dificilmente, terá uma vida digna como aposentado. Confiar apenas na previdência oficial não é uma boa ideia. É melhor confiar apenas em você, em vez de achar que alguém vai sustentá-lo na velhice. Mas, jamais deixe de pagar o INSS e assim poder se aposentar.

Nº 10 – Acumule patrimônio para trabalhar apenas se quiser: quando a receita é maior do que a despesa — e o excedente financeiro é investido a juros ao longo do tempo — o dinheiro dificilmente acaba. Quem fica bem de vida, trabalha porque gosta, não porque precisa.

Nº 11 – Fique rico sem perder sua qualidade de vida: de nada vale ter muito dinheiro se você não tiver qualidade de vida. Se passar a vida se privando das boas coisas que o dinheiro pode comprar — e de coisas que fazem bem à alma — seu projeto de riqueza será um fracasso. Tornar-se o cara mais rico do cemitério não vai ter a menor graça.

Nº 12 – Ponha mais vida em cada um dos seus anos de vida. Parafraseando o economista Eduardo Giannetti da Fonseca: A cada passo da jornada, escolhas têm de ser feitas. Que peso atribuir ao futuro diante dos apelos, acenos e premências do presente? Qual sua decisão? Colocar "mais vida nos seus anos de vida" ou "mais anos em seu período de vida"?

Nº 13 – Fuja dos juros na ponta devedora: ainda segundo Eduardo Giannetti, os juros são o prêmio da espera na ponta credora e o preço da impaciência na ponta devedora. Só que, no Brasil de hoje, de juros obscenos, o preço da impaciência é incrivelmente mais alto do que o prêmio da espera. Fuja dos juros na ponta devedora. O que você vai fazer? Poupar agora para consumir depois? Ou viver agora e pagar depois?

Nº 14 – Juros a receber: pagar juros é roubada, mas beneficiar-se dos juros compostos é outra história. Ao longo de sua jornada, nunca deixe dinheiro parado na conta, coloque para render cada centavo que conquistar. Tente ao máximo diminuir o impacto do Imposto de Renda nos seus investimentos. Às vezes, é melhor sacrificar a liquidez para obter melhores taxas e pagar menos IR. Na data em que esse livro foi escrito, havia dois investimentos isentos de IR bem atrativos, LCI e LCA, já explicados anteriormente.

Nº 15 – Seja uma máquina de aprender: é impossível construir riqueza sem entender como funciona o dinheiro e o básico do básico em finanças. O preço para seu projeto dar certo é entender os conceitos de juro real, inflação e valor do dinheiro no tempo. Releia os trechos do livro que falam desses assuntos. Vai perceber que é mais simples do que imagina.

Nº 16 – Seu perfil de investidor deve estar sempre alinhado às fases de sua vida: todos os dias surgem novas modalidades de investimento e é bom contar com seu gerente de banco ou especialista de investimentos para ajudar você a avaliar a sua carteira periodicamente, ver se a estratégia de alocação de investimentos está de acordo com seu momento de vida e com seu perfil de investidor. É sempre bom ficar atento aos investimentos mais competitivos do momento e fazer realocações na sua carteira sempre que necessário.

Nº 17 – Seja proativo com sua carreira: quer ganhar mais? Faça sua parte! Saiba exatamente onde quer chegar, reinvente-se a cada dia, seja criativo. Mantenha-se focado no seu trabalho, "contamine" seus colegas com energia e bom humor. Pense na empresa como se fosse o seu próprio negócio e contribua com sugestões que melhorem a produtividade e resultem em ganhos para a companhia.

Nº 18 – Fique de olho no seu networking: uma boa rede de contatos aumenta sua capacidade de aproveitar oportunidades de crescimento profissional. Pessoas com bom networking são bem informadas e antenadas. Para elas, obter uma nova colocação profissional ou realizar bons negócios é menos complicado do que para pessoas mais voltadas para si mesmas.

Nº 19 – Desenvolva sua capacidade de identificar assessores e consultores de investimento competentes, confiáveis e que atuem sem conflito de interesse. Leia bons livros, assista vídeos de profissionais sérios e absorva ensinamentos apenas de autores e profissionais reconhecidos pelo mercado financeiro. Não acredite em milagres.

Nº 20 – Citando uma frase cunhada pelo imortal ator Bruce Lee: "Absorva o que for útil, descarte o que for inútil e acrescente o que for especificamente seu". Que cada ensinamento aqui se transforme em uma ferramenta prática para que você construa seu próprio caminho, do seu jeito, e alcance a liberdade que merece. Sucesso para você, boa sorte e até logo. Tenho certeza de que sua jornada está apenas começando.

CAPÍTULO 12

Uma Palavra Final

Chegar ao final de um livro é sempre um momento peculiar. No caso de um livro sobre educação financeira — como o *Águia Financeira* —, o sentimento pode ser desafiador.

O que fazer agora? Apropriar-se do conteúdo do livro, levar a sério os conceitos apresentados e dar uma virada de chave para progredir na vida? Ou simplesmente não fazer nada e colocar o livro de lado?

Creio ter lhe passado uma baita responsabilidade, a de tornar-se CEO da sua vida financeira. Acredite, não é pouca coisa. Você passou por uma verdadeira jornada até aqui.

Eu procurei transmitir tudo o que aprendi em 40 anos de mercado financeiro, ofereci dicas e ferramentas para cortar gastos e não jogar dinheiro fora, falei sobre ciladas e armadilhas financeiras, instiguei você a pensar na sua relação com o dinheiro, e muito mais.

Cada conceito, cada estratégia aqui apresentada, pode fazer a diferença entre uma vida financeira controlada ou uma jornada cheia de altos e baixos. Então, não deixe esse conhecimento se perder na rotina. Pegue-o, absorva-o, apodere-se e aplique-o de forma estratégica. Teste os conceitos. Implemente as mudanças que você sabe que precisa fazer.

Envolva sua família, compartilhe com quem está ao seu redor e, principalmente, seja disciplinado. Esse é o caminho para construir uma vida financeira saudável e sustentável.

Agora o controle está em suas mãos. O que vai fazer com ele? A partir deste ponto, você é o único responsável pela sua transformação financeira.

Não é mais apenas sobre o que eu disse ou o que está escrito nestas páginas. É sobre o que você vai fazer com esse conhecimento. Vai deixar passar essa oportunidade ou está disposto a colocar em prática tudo o que aprendeu?

Seja qual for sua decisão, lembre-se: muita gente se arrepende de não ter se empenhado mais na busca de uma maior independência financeira quando ainda era jovem. E, quer saber? É difícil culpá-las. Nosso cérebro nos prega peças, que nos levam a focar o curto prazo, como se fôssemos eternos.

Somos imediatistas por natureza, "curtoprazistas", temos a tendência de achar que somos invulneráveis e que o amanhã vai se resolver sozinho. Mas não é isso o que acontece. Você já se perguntou como vai ser a vida da sua família se você faltar amanhã?

A verdade é que o futuro financeiro não espera. Aquilo que você adia hoje pode (e vai) se transformar em arrependimento amanhã. E aí, quando o tempo passar, você vai se pegar desejando ter feito escolhas diferentes.

Então, por que deixar para depois o que pode começar agora? A oportunidade está diante de você.

Águia Financeira não foi pensado e redigido para ser uma leitura descartável. Este livro foi idealizado para ser uma ferramenta que você deve consultar sempre que precisar, um manual para te guiar em momentos decisivos, de dúvidas ou até mesmo de crise. Assim, mantenha o livro por perto e releia-o sempre que puder, até mesmo para encontrar alguma informação que passou batida e que poderá ser útil.

Águia Financeira pode ser sua grande fonte de transformação. Ou sua maior oportunidade perdida. O poder de escolha está inteiramente com você.

Nato Cirello

APÊNDICES

Aviso Legal

Os textos deste livro são de caráter exclusivamente informativo e foram elaborados com base em dados e informações obtidas até 31/12/2024.

As fontes utilizadas são de acesso público, incluindo livros, biografias autorizadas, jornais, revistas especializadas em finanças e investimentos, além de informações disponíveis na internet.

Embora o autor tenha se empenhado em selecionar fontes confiáveis, não há garantias quanto à exatidão, atualidade ou veracidade de todos os dados apresentados.

As informações aqui contidas refletem o entendimento do autor no momento de sua redação e podem estar sujeitas a mudanças ou atualizações. O leitor é encorajado a realizar sua própria verificação e consultar profissionais especializados antes de tomar decisões com base no conteúdo deste livro.

Os dados, simulações, estatísticas, dicas e informações levaram em conta as condições atuais do mercado e não devem ser consideradas como aconselhamento, orientação de investimentos ou recomendação de compra de serviços de terceiros.

O autor não se responsabiliza por eventuais decisões de investimentos tomadas pelo leitor com base nas informações apresentadas, nem por perdas diretas, indiretas ou lucros cessantes decorrentes da utilização deste material para qualquer finalidade, incluindo, mas não se limitando, à realização de negócios, investimentos ou transações baseadas nessas informações.

Antes de realizar qualquer investimento, consulte seu gerente bancário ou consultor financeiro para obter informações atualizadas e auxiliar no seu processo de tomada de decisão.

Notas Bibliográficas

1. McNALLY, DAVID. *ATÉ AS ÁGUIAS PRECISAM DE UM EMPURRÃO*. EDITORA PRO NET. *Even Eagles Need a Push* é o nome original do best-seller de autoria do escritor e consultor internacional de negócios David McNally. No Brasil, o livro foi lançado com o nome *Até as Águias Precisam de um Empurrão*. Nele, o autor fala de superação do medo como condição para viver bem e, por meio de uma jornada de descobertas, explica como alcançar a motivação e a inspiração para você obter o que deseja da vida.
2. KIYOSAKI, ROBERT. *PAI RICO, PAI POBRE*. ALTA BOOKS. Kiyosaki expressa no livro sua opinião de que a educação financeira permite que alguém se torne financeiramente responsável, capacitando-se a agir e efetuar mudanças em sua vida e prosperar. É o criador da metáfora da "Corrida dos Ratos".
3. SAFRA, JOSEPH. Não há livros ou biografias autorizadas sobre Joseph Safra. As poucas reportagens que saíram nos jornais ou revistas especializadas em economia, como a revista Exame, foram baseadas, em sua maioria, nas raras entrevistas concedidas pelo banqueiro. As citações sobre Joseph Safra publicadas neste livro são de domínio público e foram extraídas de reportagens publicadas e/ou obtidas de pessoas que conviveram ou trabalharam diretamente com ele, como o próprio autor.
4. CLASON, GEORGE. *O HOMEM MAIS RICO DA BABILÔNIA*. HARPERCOLLINS BRASIL. Esse é um livro realmente diferente. Publicado originalmente em 1920, é um dos raros livros que conseguiram sobreviver às mudanças da nossa sociedade desde então. O autor nos leva ao passado para demonstrar que os princípios básicos de finanças desenvolvidos na civilização babilônica continuam atuais nos dias de hoje.
5. AGUIAR, AMADOR. *WWW.SUNO.COM.BR/TUDO-SOBRE/AMADOR-AGUIAR*. Amador Aguiar foi fundador e presidente do Bradesco, falecido em 24/01/1991. Aguiar é um exemplo clássico de perseverança no setor financeiro, tendo começado sua carreira como office boy e atingido o topo do setor bancário brasileiro. Aguiar era conhecido por sua simplicidade e foco no trabalho. Transformou o Bradesco de um pequeno banco regional em uma das maiores instituições financeiras do Brasil.

6. BUFFETT, WARREN. *A BOLA DE NEVE, WARREN BUFFETT E O NEGÓCIO DA VIDA.* EDITORA SEXTANTE. Informações sobre o guru de Omaha não faltam na internet. Para saber tudo sobre Buffett, de forma confiável, leia *A Bola de Neve: Warren Buffet e o negócio da vida*, de autoria da jornalista Alice Schroeder. Leitura obrigatória. Ex-analista financeira especializada nas ações da Berkshire Hathaway, Alice Schroeder cativou Buffett pelo seu profissionalismo e acabou tornando-se sua amiga e biógrafa oficial. O título original do livro, na edição americana, é *The Snowball*.
7. JOBS, STEVE. Informações sobre o fundador da Apple são encontradas com facilidade na internet e na telona. O documentário *Steve Jobs: The man in the machine* (2015) e o filme *Steve Jobs* (2015) oferecem informações valiosas sobre sua vida. Outra opção interessante é o livro *Steve Jobs*, de autoria de Walter Isaacson. Esse livro, baseado em entrevistas com familiares, amigos, colegas e concorrentes — e com o próprio Jobs — oferece uma visão profunda e equilibrada sobre sua vida e sua trajetória na Apple, NeXT e Pixar.
8. GATES, BILL. *THE ROAD AHEAD.* VIKING/PENGUIN. Há vários livros, documentários e matérias na internet que abordam a trajetória de Bill Gates como empresário, filantropo e inovador. *The Road Ahead* (*A Estrada do Futuro*), de autoria do próprio Bill Gates, escrito em 1995 e atualizado em 1996, discute o impacto da revolução digital e prevê como a tecnologia transformaria a vida cotidiana. Outro livro de Gates é *Business @ the Speed of Thought*, publicado em 1999, no qual ele explora como o uso da tecnologia pode ser usada como ferramenta estratégica para melhorar negócios e gestão. E ainda *Who is Bill Gates?*, de Patricia Brennan Demuth, uma biografia acessível e simplificada, destinada a um público mais jovem. Disponível na Netflix, o documentário *Inside Bill's Brain: Decoding Bill Gates* oferece uma visão íntima da vida de Bill Gates, explorando sua mente, sua infância, seu trabalho na Microsoft e seus projetos filantrópicos da Fundação Bill e Melinda Gates.
9. DOBELLI, ROLF. *A ARTE DE PENSAR CLARAMENTE.* COMPANHIA DAS LETRAS. Nesse livro, Dobelli apresenta um olhar revelador sobre a psicologia humana e o raciocínio. O autor apresenta inúmeros exemplos do que chama de armadilhas do pensamento e estimula os leitores a evitar essas armadilhas e a tomar decisões de modo mais eficaz.
10. EKER, T. HARV. *OS SEGREDOS DA MENTE MILIONÁRIA.* EDITORA SEXTANTE. Eker é um escritor, consultor e palestrante reconhecido por suas ideias sobre motivação e construção da riqueza.
11. BACH, DAVID. *O MILIONÁRIO AUTOMÁTICO.* EDITORA PENSAMENTO/ CULTRIX. David Bach é autor de vários best-sellers que exploram os temas de conquista da riqueza e da independência financeira. Seus livros mais conhecidos são *O Milionário Automático*, *Fique rico, mesmo começando*

tarde e *O Fator Café®: Como economizar dinheiro, enriquecer e viver seus maiores sonhos.*

12. HILL, NAPOLEON. *QUEM PENSA ENRIQUECE.* EDITORA FUNDAMENTO. Napoleon Hill é o autor do best-seller *Think and Grow Rich*, publicado no Brasil pela Editora Fundamento com o título *Quem Pensa Enriquece*. Hill acompanhou de perto, durante mais de 20 anos, a ascensão de 500 das maiores fortunas do mundo. Conviveu com mitos como Henry Ford, Theodore Roosevelt, John Rockefeller e muitos outros milionários, encontrando pelo menos 15 características comuns a todos eles.
13. CERBASI, GUSTAVO. *CASAIS INTELIGENTES ENRIQUECEM JUNTOS.* EDITORA GENTE. Para surpresa de ninguém, o autor, Gustavo Cerbasi, afirma que o dinheiro é um dos principais problemas em brigas de casal. Para ele, é justamente a falta de conversa sobre o assunto que causa a maioria dos conflitos. Nesse livro, Cerbasi sugere estratégias para formar uma parceria inteligente na administração das finanças da família. Outros pontos abordados incluem os benefícios de um planejamento financeiro de longo prazo, planos de previdência e seguros, e como lidar com a herança.
14. DUHIGG, CHARLES. *O PODER DO HÁBITO: POR QUE FAZEMOS O QUE FAZEMOS NA VIDA E NOS NEGÓCIOS.* COMPANHIA DAS LETRAS. Charles Duhigg, jornalista e autor norte-americano, conhecido por seus livros sobre produtividade, hábitos e ciência comportamental, trabalhou como repórter no *The New York Times* e recebeu vários prêmios, incluindo o Prêmio Pulitzer por reportagens investigativas. Seu principal livro é *O Poder do Hábito: Por que fazemos o que fazemos na vida e nos negócios*, no qual explora como os hábitos funcionam, como são formados e como podem ser modificados. O livro ensina como criar hábitos positivos e eliminar ou transformar nossos hábitos financeiros ruins em hábitos que nos tragam prosperidade.
15. FONSECA, EDUARDO GIANNETTI. *O VALOR DO AMANHÃ.* COMPANHIA DAS LETRAS. Eduardo Giannetti da Fonseca é economista e autor de numerosos artigos e livros. Possui doutorado em economia pela Universidade de Cambridge. Atualmente é professor do Insper (Instituto de Ensino e Pesquisa), em São Paulo.
16. DWECK, CAROL. *A NOVA PSICOLOGIA DO SUCESSO.* EDITORA OBJETIVA. Dweck é uma psicóloga americana, autora do livro *Mindset: The New Psychology of* Success, com mais de 1,7 milhão de exemplares vendidos em todo o mundo. O livro foi lançado no Brasil com o título *A Nova Psicologia do Sucesso*. Destaque do livro: a importância da mentalidade na superação de desafios e no crescimento pessoal.
17. SANTOS, SILVIO. *A FANTÁSTICA HISTÓRIA DE SILVIO SANTOS.* EDITORA DO BRASIL. Escrito por Arlindo Silva, que trabalhou diretamente com o

empresário, é um dos livros mais completos sobre a vida e a trajetória de Silvio Santos. A obra aborda várias fases de sua vida, como sua infância, os primeiros trabalhos como camelô, sua entrada no mundo do rádio, a criação do Grupo Silvio Santos e a construção do SBT (Sistema Brasileiro de Televisão). Também traz insights sobre sua personalidade, o estilo de liderança e momentos decisivos da sua carreira. Além desse livro, há outros materiais sobre Silvio Santos, como biografias e documentários que cobrem sua vida e carreira, refletindo sobre seu impacto na televisão e no mundo dos negócios.

18. BRANSON, RICHARD. *LOSING MY VIRGINITY.* CROWN BUSINESS/PENGUIN RANDOM HOUSE. A internet é pródiga em informações sobre Richard Branson. Mas as fontes de informações mais recomendadas são os livros. *Losing My Virginity* (*Perdendo a Virgindade*) é um livro no qual ele compartilha sua jornada como fundador do Virgin Group e conta histórias de seus desafios e conquistas como empreendedor. Uma autobiografia impecável. Em outro livro, mais curto e direto, *Screw It, Let's Do It: Lessons in Life*, Branson compartilha suas lições sobre vida e negócios. Já em *The Virgin Way: Everything I Know About Leadership*, Branson discute sua abordagem única de liderança e como ele construiu um império diversificado, enfatizando a importância de ouvir e trabalhar em equipe. E, não menos importante, em *Business Stripped Bare*, Branson explora suas experiências empresariais, discutindo os altos e baixos de sua carreira, com foco nas lições aprendidas ao construir a marca Virgin. E no documentário *Don't Look Down*, disponível na Amazon Prime Video, Branson relata suas aventuras, seu recorde mundial de balonismo e faz reflexões sobre sua coragem e mentalidade de correr riscos. Para informações ainda mais atualizadas, acesse o blog oficial de Richard Branson no site da Virgin. Lá há artigos sobre empreendedorismo, liderança, inovação e temas de interesse pessoal. Branson também é muito ativo em plataformas como X (antigo Twitter) e LinkedIn, onde compartilha atualizações sobre suas empresas, causas filantrópicas e pensamentos sobre o mundo dos negócios.

Índice

Este livro foi impresso nas oficinas gráficas da Editora Vozes Ltda.,
Rua Frei Luís, 100 – Petrópolis, RJ.